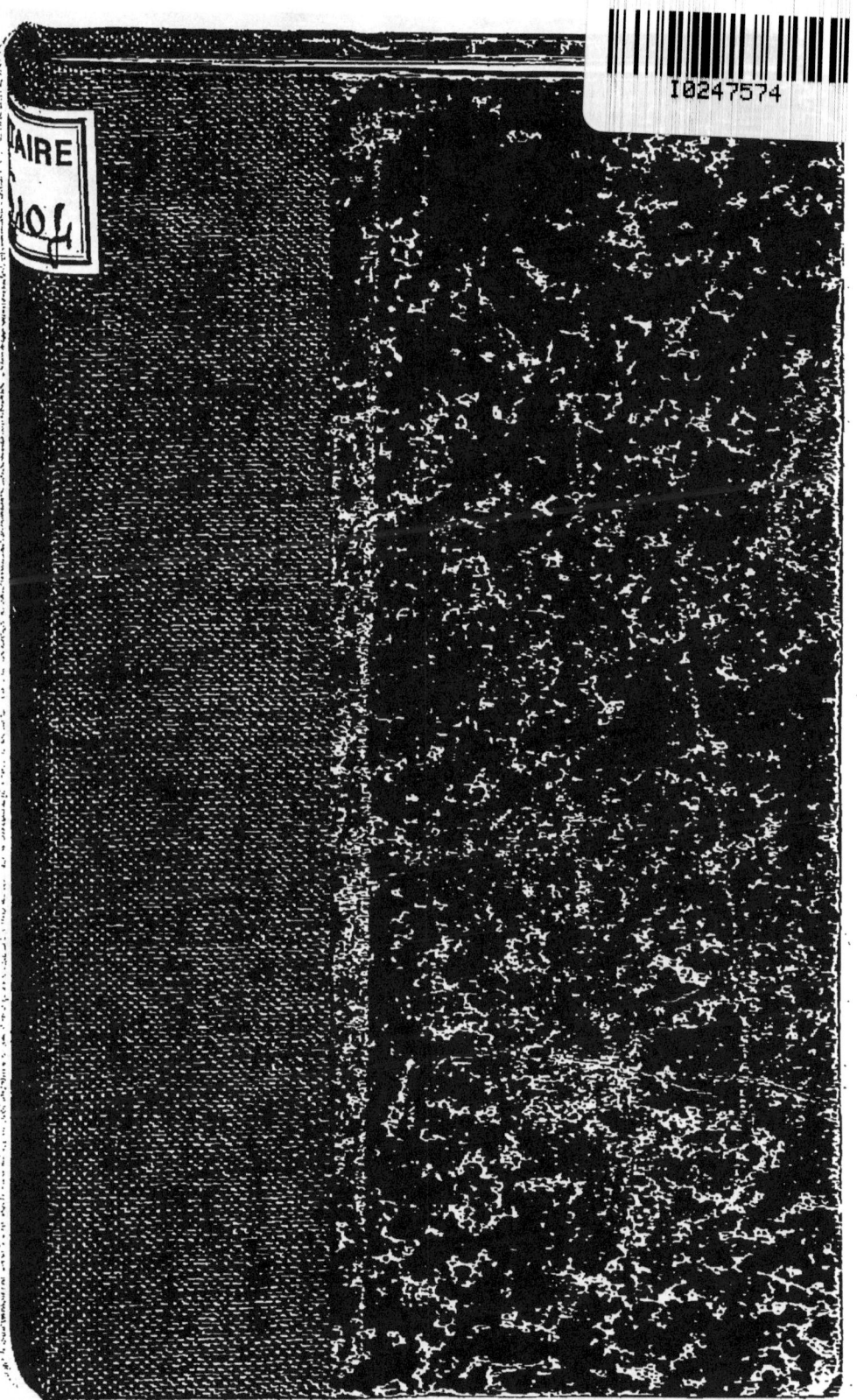

PUBLICATIONS SCIENTIFIQUES-INDUSTRIELLES DE E. LACROIX

HISTOIRE DU TULLE

ET DES

DENTELLES MÉCANIQUES

EN ANGLETERRE ET EN FRANCE

AVEC PLANCHES

Par S. FERGUSON Fils

PARIS
LIBRAIRIE SCIENTIFIQUE, INDUSTRIELLE ET AGRICOLE
E. LACROIX
15, quai Malaquais, 15
1862

HISTOIRE

DU TULLE

ET DES

DENTELLES MÉCANIQUES

EN ANGLETERRE ET EN FRANCE

AMIENS, IMPRIMERIE DE E. YVERT

ARMES

DES TISSEURS AU MÉTIER

DE LONDRES

HISTOIRE

DU TULLE

ET DES

DENTELLES MÉCANIQUES

EN ANGLETERRE ET EN FRANCE

AVEC PLANCHES

Par S. FERGUSON Fils

PARIS
LIBRAIRIE SCIENTIFIQUE, INDUSTRIELLE ET AGRICOLE
E. LACROIX
15, QUAI MALAQUAIS, 15

1862

HISTOIRE DU TULLE

ET DES

DENTELLES MÉCANIQUES

I

ORIGINE DU TULLE.

Le Tulle, ce tissu diaphane et vaporeux qu'on a pu nommer *Zéphyr* et *Illusion*, tant il est aérien et insaisissable, est arrivé, de progrès en progrès, depuis vingt ans, à former une des industries les plus importantes de l'Angleterre et de la France. Cependant, il n'a pas encore eu son historien ; quelques rapports ont bien été faits lors des Expositions et à l'occasion des projets de lois dont il a été l'objet ; mais ces études nous ont toutes paru ou incomplètes ou empreintes d'un amour-propre local et national qui diminue d'autant la confiance due, d'ailleurs, à des travaux estimables.

Nous essayons aujourd'hui de combler cette lacune regrettable dans l'histoire industrielle de deux pays alliés par la politique, et plus étroitement unis encore par les intérêts commerciaux.

L'abondance des documents que nous sommes parvenu à réunir nous donne l'espoir d'avoir corrigé beaucoup d'erreurs jusqu'ici accréditées, et mis en lumière de nombreux faits qui avaient échappé à nos devanciers; connaissant leurs fautes, nous nous efforcerons de ne pas retomber dans les mêmes défauts.

Les étoffes légères à réseau ont toujours été un objet de prédilection pour les élégants de toutes les époques. Ainsi, il est avéré que, longtemps avant l'invention du point de Tulle, les Égyptiens, les Israëlites, les Grecs et les Romains (*) portaient des franges faites à la main en point de filet, auquel le Tulle ressemble beaucoup ; aujourd'hui ce dernier tissu est aussi indispensable à la toilette des femmes, que les autres étoffes de soie et de laine.

Que deviendraient en effet les modes sans le Tulle, maintenant qu'il est à la portée de toutes les bourses ?

(*) *Lace* (Tulle ou Dentelle) de *Lacinia* bordure ou frange d'un vêtement en point de filet uni ou avec ornements. (*Encyclopédia Britanica*, au mot *Lace*).

Le Tulle a contribué au développement du goût qui préside aux modes suivies par les femmes du xix° siècle. La légèreté et la grâce, dues bien souvent à l'emploi de ce réseau transparent, ôtent à leur costume cette raideur qui le déparait autrefois. Quel contraste frappant s'établit ainsi entre ces robes soyeuses, ces élégantes coiffures, qui ajoutent encore à l'idéale beauté de la femme, et le sombre uniforme actuel des hommes, qui semble, au contraire, porter le deuil de son ancienne richesse et de ces époques perdues où l'élégance de la forme s'alliait si heureusement à l'harmonie variée des couleurs !

Jusqu'au commencement de ce siècle, les Tulles et les Dentelles n'étaient portés que par les classes privilégiées, à cause de leur prix élevé ; mais aussitôt que le travail mécanique les mit à la disposition des masses, l'emploi s'en accrut d'une manière prodigieuse. L'inventeur du métier à Tulle est donc l'auteur d'une révolution dans la toilette, et l'histoire de la mode ne conservera pas son nom avec moins de reconnaissance que l'histoire de l'industrie.

Il est hors de doute que le but de l'ingénieux créateur de ce métier était d'imiter le fond de la Dentelle, et non de faire un nouveau point de tricot, comme on l'a souvent affirmé; ce qui nous porte à le croire, c'est d'abord la nature de la matière employée; et ici, on le sait, la matière est le point important. Au début, en effet, le Tulle était tissé en fil de lin comme la Dentelle blanche; ce fut plus tard seulement qu'on le fabriqua en coton et en soie; de plus, dès le début aussi, on y fit des broderies et des jours à l'aiguille qui imitaient la Dentelle.

Selon quelques auteurs, ce tissu a emprunté son nom à la ville de Tulle ; c'est une erreur, il ne s'en est jamais fabriqué dans cette ville, ni même dans les environs, quoi que prétendent à cet égard quelques écrivains (*). Les historiens, sans doute, ont confondu le Tulle fabriqué au métier et de main d'homme, avec une espèce de Dentelle *torchon* ou *entoilage*, genre de guipure tissé aux fuseaux

---

(*) « Ce nom ne vient pas, comme on le croit généralement, de la ville du Tulle, mais bien d'une Dentelle à réseaux clairs appelée point de Tulle. C'était une espèce d'entoilage sans dessin, destiné à élargir les Dentelles, les points et les guipures. » (Félix-Aubry. — *Rapport sur les Dentelles, les Blondes, les Tulles et les Broderies, fait à la Commission française du Jury international de l'Exposition universelle de Londres.* — Paris 1854).

par des femmes, qui servait tout particulièrement à faire des manches au XVIIe et au XVIIIe siècles, et qui se fabriquait en effet à Tulle, à Aurillac, etc. L'Encyclopédie Diderot (1765), est le premier dictionnaire qui ait admis le mot *Tulle*. Nous y voyons que le Tulle était alors « une espèce de Dentelle commune, mais plus ordinairement ce qu'on appelait entoilage. » L'entoilage ou grillé, on le sait, est la partie de la Dentelle qui forme les fleurs ; or, le Tulle n'ayant ni fleur, ni entoilage, c'était sans aucun doute la Dentelle sans fil d'entourage qu'on entendait alors par le mot Tulle. Ajoutons enfin qu'on faisait au carreau, mais seulement en Allemagne, le Tulle ou le réseau qui forme le fond de la Dentelle, avant la Dentelle elle-même, c'est-à-dire avant de lui avoir donné son nom français, lequel, à première vue, pourrait faire croire à une fabrication, dont la ville de Tulle aurait eu le privilége et l'honneur.

On pourrait supposer encore que le mot Tulle vient de *Tule* ou *Tuly*, mot qui figure, en effet, dans un inventaire anglais de 1315, où il est associé au drap de Tharse : *Casula de panno de Tharse de Tuly palliata*. Le même mot se présente dans un poëme de la même époque, *(Sir Gawayn and the grene knyght)*, écrit de deux manières différentes *Tule* et *Tuly*; mais il est placé après le mot *sindon*, que Francisque Michel, à qui nous empruntons ces détails, traduit par *toile peinte*, ce qui donne à penser que le mot *Tule* était l'équivalent du nom de la capitale du Languedoc, de Toulouse, où étaient au moyen-âge des célèbres fabriques de toiles peintes.

Cependant si l'on n'accepte les noms ni de Toulouse, ni même de Tulle, malgré leur affinité apparente, comme étymologie du mot Tulle, ne pourrait-on pas en chercher l'origine dans les broderies célèbres que l'on fabriquait en Lorraine et particulièrement à Toul? Il est certain du moins que, dans ces broderies, on exécutait à l'aiguille, en écartant et en rassemblant les fils, une espèce de jour ou de point de filet. Ce genre de travail, très répandu au moyen-âge, se fait encore de nos jours sur la mousseline et la batiste; il prit naissance en Italie, dans les couvents, d'où il passa en Espagne, puis dans la Flandre Espagnole vers 1530, puis enfin en France. Or, comme la Dentelle, dont le fond est le *point de Tulle*, fut créée peu de temps après en

Allemagne (*), et que ce fond ressemble aux jours pratiqués dans les broderies de Toul, en latin *Tullum* ou *Tullo*, *Tullonis*, on peut s'expliquer ainsi qu'il ait pris en allemand le nom de *Tüll* et en français celui de *Tulle*. — C'est seulement après l'avoir produit pendant deux siècles à la main, à l'aide des fuseaux, que l'on songea enfin à le fabriquer au métier.

Bien que le but de l'inventeur, comme nous l'avons déjà dit, n'ait pas été de créer un nouveau point de tricot, il n'en est pas moins certain que le mécanisme qui donna naissance au métier à Tulle fut celui du métier à bas, dont nous rap-

(*) 1551.

pellerons ici l'histoire en peu de mots. Conçu en 1586 et complété en 1589, ce métier est dû au révérend William Lee, curé de Calverton, dans le comté de Nottingham, et originaire de Woodborough, ville du même comté.

On a imaginé plusieurs fables sur les causes qui ont amené Lee, ministre de la Religion, à créer cette ingénieuse machine. Quelques historiens prétendent que la femme de Lee, forcée de tricoter pour les besoins de sa famille, ne pouvait s'occuper suffisamment des autres soins de son ménage. Or, c'est en la voyant tricoter, qu'un jour son mari se serait demandé si l'on ne pouvait remplacer le travail des doigts par le travail à la mécanique, et il se serait mis à l'œuvre. On s'accorde plus généralement à dire qu'il y fut poussé par le dédain d'une jeune personne à laquelle il faisait une cour assidue, et qui, au lieu d'écouter ses protestations d'amour, s'appliquait avec affectation à son tricot. Le ministre amoureux abandonna le presbytère pour l'atelier, la chaire pour l'étau, et s'occupa exclusivement à mettre son projet à exécution. Plus tard, la belle dédaigneuse voulut ramener celui qui l'avait tant aimée ; mais lui, sacrifiant son amour au travail, refusa tout rapprochement.

Son invention ne fut pas d'abord appréciée en Angleterre ; il se rendit en France, dans les dernières années du règne de Henri IV, qui lui accorda la protection éclairée que trouvaient toujours en lui les industries dans lesquelles son génie pressentait pour la France des ressources nouvelles. Mais lorsque ce grand prince tomba sous le couteau de

Ravaillac, la régence, abandonnant les errements du dernier règne, retira à Lee un appui nécessaire. Délaissé, découragé, Lee mourut de chagrin, en 1610, sans avoir vu se réaliser son rêve, et ce ne fut qu'en 1656 que Jean Hindres établit en France le premier métier à bas. Après sa mort, le frère de Lee, qui l'avait accompagné en France avec quelques ouvriers anglais (*), ramena ceux-ci en Angleterre; il y continua l'œuvre de l'inventeur, qui fut vite appréciée à sa valeur. Bientôt, en effet, dans ce pays, l'enthousiasme pour la fabrication des bas au métier devint générale; c'était au point que chacun tenait à savoir faire un bas, et l'on voit encore, sur quelques

---

(*) Parmi les apprentis de Lee on cite sir William, qui devint plus tard lord Hudson. — *Old and New Nottinghamby* William Howie Wylie.

portraits de l'époque, des aiguilles en or et en argent suspendues au cou par un cordon.

Cette dernière version sur l'origine du métier à bas, nous assure Gravenor Henson, lui a été racontée par un vétéran de 92 ans, dont le père était contemporain de l'inventeur. Toutes deux, du reste, sont vraisemblables et sont l'interprétation de notre gravure qui représente les armes des *Frame Work Knitters* (tisseurs au métier), de Londres.

Ces armes, que l'on voit figurer sur les bannières et les jetons de la corporation, se composent d'un métier à bas ; des deux côtés de l'écu se trouvent, comme supports, un ministre protestant et une femme tenant dans ses mains du fil et des aiguilles à tricoter. Quel que soit le motif qui ait conduit Lee à chercher un moyen mécanique pour remplacer le travail à la main, du moins le but qu'il poursuivit n'est pas douteux, puisque la maille du tricot mécanique est semblable à celle du tricot fait à la main.

Le métier à bas est trop connu pour que nous le décrivions ici ; nous nous bornerons à signaler la similitude qui existe entre la course du fil qui est conduit d'un bout du métier à l'autre sur les aiguilles, par la main, avec le mouvement de la navette du métier à tisser, chassée aussi par la main. Ce fait nous donne à supposer que Lee s'est inspiré de l'antique navette. (*)

Pendant près de deux siècles, le métier

(*) La *navette volante*, chassée par une espèce de ressort en bois, ne fut inventée qu'en 1738, par John Kay. *Curiosités des inventions et découvertes*. Paulin et Le Chevalier, éditeurs. Paris, 1855.

à bas ne subit que des changements insignifiants, et ne produisit que des tricots. Ce fut en 1758 seulement que se fit le premier pas vers le métier à Tulle. A cette époque, en effet, Jedadiah Strutt produisit, sur un métier à bas modifié, une espèce de point de Tulle. Avec son métier il exécuta aussi sur les bas de femmes des jours à côtes (*Derby rib*) qu'on y fait encore.

En 1763, Morris fit aussi un point de Tulle, mais son métier était principalement employé à la fabrication des gants et des bas à jours, genre de travail appelé *Eylet hole* (œillet) qu'il perfectionna en 1781, et qui avait quelque ressemblance avec le produit du *knotting machine* (métier à filet.)

Hammond réussit également, vers 1768, à produire du Tulle sur le métier à bas :

mais ses habitudes d'ivrognerie, partagées par sa femme, firent qu'il ne poussa pas plus loin sa découverte.

Tous ces Tulles étaient néanmoins imparfaits; mais, en 1777, parut le *Point Net*, (Tulle fait avec des pointes ou aiguilles). Robert Frost et Holmes en ont réclamé l'invention, et il est probable qu'ils y ont contribué l'un et l'autre. Ce point, qui était hexagonal, est celui qui ressemble le plus au tricot; il est fait de la même manière, par un seul fil qui traverse le métier d'une extrémité à l'autre, en passant sur des aiguilles. Le métier était très fin, et on le considérait alors comme le plus compliqué de tous les métiers à Tulle déjà connus.

En 1780, il n'existait que vingt métiers de ce genre; mais dès 1810, le nombre en était porté à 1,500. A cette époque, 15,000 ouvrières étaient occupées à broder des fleurs sur le Tulle de soie produit par ces métiers.

En 1778, John Lindley et Hiram Flint, aidés de Morris, perfectionnèrent le *Point Net* en entourant une fois de plus le fil qui réunissait les boucles. Vers 1786, la maille de ce point fut rendue plus solide encore par Rogers, de Mansfield et par Hayne et Bagally, de Nottingham. Leur système fut appelé *Double Press*, (pression double). Ces derniers prirent aussi plusieurs brevets pour le *Barley Corn Net* (Tulle grain d'orge), ainsi appelé parce qu'un endroit des pointes avait la forme d'un grain d'orge.

Harvey prit également un brevet à la même époque pour le même point, mais il y renonça en faveur de Hayne et Cie, moyennant une rente annuelle de 60 livres sterling (1,500 fr.).

Le perfectionnement de Harvey consistait à faire passer le fil qui réunit les mailles du tricot autour de deux d'entr'elles alternativement, de manière à former une mèche ou maille sexangulaire ; mais cette maille avait toujours l'inconvénient d'être lâche et on n'y remédia alors qu'en y appliquant un fort apprêt.

D'autres Tulles, tels que le *Square Net* (Tulle carré), et le *Spider Net* (Tulle araignée), etc., furent exécutés successivement sur les métiers. *Point net* à l'aide d'une modification dans la forme des pointes, ou à l'aide du mouvement seul des barres de pointes opéré par l'ouvrier ; celui-ci, pour exécuter son point, avait besoin d'une grande précision ; il devait mettre un soin extrême dans la tenue de son métier, et surtout dans la manière de faire mouvoir les platines, mouvement qui consistait à dégager le fil de dessus les aiguilles plus ou moins régulièrement : c'est la difficulté d'opérer ce mouvement avec précision qui faisait tant estimer les bons ouvriers de *Point Net* et les rendait si rares.

II

MÉTIER WARP.

Malgré les divers perfectionnements apportés au *Tulle tricot*, le réseau n'était toujours qu'un tricot qui se défilait lorsque le fil cassait. Pour remédier à cet inconvénient, on était obligé, comme nous l'avons dit, de coller les fils ensemble par un apprêt ; mais cette opération nuisait à la souplesse du Tulle. La nécessité d'avoir un tissu à la fois solide et doux fit diriger simultanément les recherches dans deux voies différentes, et fit d'abord découvrir le *Warp Net* (Tulle chaîne), dont l'invention est attribuée à quatre mécaniciens : à Vandyke, ouvrier flamand ; à Clare, de Edmonton, près Londres ; à Marsh Moorfields, de Londres, et à Morris de Nottingham. Toutefois, Blackner, leur contemporain, conteste cet honneur à trois des concurrents, et prétend que la chaîne fut appliquée pour la première fois au métier à bas, en 1768, par Crane de Nottingham. Ce qu'il y a de certain, c'est que le métier de Tarratt, inventé en 1784 et le plus complet de tous, était un perfectionnement du sytème de Crane. Ce système lui-même n'était du reste qu'une modification du métier à bas auquel Crane avait ajouté la chaîne et le *Tickler*, barre qui servait à dégager la boucle des aiguilles en la retournant.

Cependant Vandyke avait également appliqué la chaîne au métier à bas ; son tissu à côtes, formait des zig-zags :

comme on l'appelait de son nom de Vandyke, ce mot a été appliqué depuis à toutes les dispositions du même genre faites sur le Tulle.

La maille de Crane, bien qu'elle fût d'une nature différente de celle du tricot, était cependant aussi formée par des boucles. L'inventeur produisit aussi, sur son métier, un réseau semblable à celui de la Valenciennes, différents petits motifs, et enfin le *Spider Net*. Le métier *Warp*, contrairement aux divers métiers à Tulle-tricot, possédait une chaîne dont chaque fil, posé verticalement sur chaque aiguille, formait une maille distincte ; les mailles, réunies entr'elles par l'effet de la boucle qui accrochait le fil de chaîne voisin, produisaient le point de Tulle ; ce travail, à vrai dire, n'était autre chose que « l'assemblage du tricot et de la chaîne du tisserand. »

Roland créa aussi, vers 1796, sur le métier Warp, un tissu pour lequel Barbre, de Bilborough, prit un brevet. Cet article a été beaucoup employé pour bourses et vêtements de marins. (*)

Les mouvements du métier à Tulle étaient, dès le début, opérés par des pédales à l'aide des pieds et des mains; mais William Dawson y appliqua, à cette même époque, le mouvement rotatif, et enfin il imagina les roues taillées pour faire mouvoir les barres de guide, qui avaient pour effet de maintenir les fils de chaîne à égale distance l'un de l'autre et de les faire changer de place, selon les exigences de la torsion. Ces roues sont aussi employées dans d'autres systèmes

---

(*) Il se fabrique encore sur le Warp des filets et des étoffes de laine et de soie élastiques pour les gants.

de métier à Tulle, et dans la fabrication de certains genres de passementerie.

En 1808, Brown et Pindar firent du Tulle de soie sur un métier dit *Upright Warp* (métier à chaîne verticale); ce nom vient de ce que les aiguilles étaient verticales au lieu d'être horizontales comme dans le *Warp* ordinaire; cette disposition ne tarda pas être abandonnée.

Quelque temps après, Brown et Copestake créèrent sur le métier *Warp*, le Tulle Méchlin, ainsi appelé à cause de sa ressemblance avec le point de Malines, et c'est pour ne pas les confondre l'un et l'autre que l'on donna à l'imitation mécanique le nom flamand de la ville de Malines. Le métier *Warp*, ainsi perfectionné, prit lui même le nom de métier Méchlin.

Ce système commença à être abandonné

en Angleterre vers 1819, à cause de la nature défectueuse de son tissu, qui présentait une trop grande élasticité et peu de solidité; cependant, il est encore beaucoup en usage à Lyon.

Le Tulle Méchlin fut imité par Kirkland, qui donna à son point le nom de *Two course net*, parce que la maille en était double de celle du Tulle ordinaire. Daycock l'imita aussi, et son procédé eut surtout du succès pour la fabrication des Blondes unies.

En 1778, selon Mac-Culloch, un français nommé Caillon essaya de faire un genre particulier de Tricot-Dentelle. Roland de la Platière nous apprend aussi que Caillon reçut de l'Académie une gratification de 1,000 francs et la maîtrise de bonnetier. Son tissu était plutôt un tricot, et il ne réussit pas comme Tulle.

III

INTRODUCTION DU TULLE EN FRANCE.

Depuis l'entreprise avortée de Lee en 1610, la France était donc restée étrangère à une industrie qui prenait chaque jour, en Angleterre, des développements nouveaux. Tributaire de ce pays pour un produit d'un usage devenu vulgaire, la France, sous un roi qui rendit à l'industrie de constants et inappréciables services, chercha enfin à se soutraire aux effets du monopole anglais.

Vers 1784, le duc de Liancourt reçut du gouvernement français la mission d'aller étudier en Angleterre le perfectionnement apporté dans les métiers à bas et de rapporter un métier à Tulle; à cet effet, il emmena avec lui le nommé Rhumbolt, qui travailla comme ouvrier tulliste dans un atelier de Nottingham, et qui, après s'être rendu maître des deux procédés, les apporta en France. Le pays traversait alors une période nouvelle : la Royauté avait déjà disparu sous la tourmente révolutionnaire; mais la République, acquittant, cette fois, une dette léguée par Louis XVI, ne laissa pas sans récompense le service de Rhumbolt : en 1793-1794, le Comité de Salut Public lui alloua une somme de 11,000 francs.

Le système importé en France par Rhumbolt, pour la fabrication du Tulle, était le *Pin machine* (métier à épingles, ou plutôt à aiguilles), inventé par Else et Harvey; ceux-ci, vers 1770, l'avaient transporté de Londres à Nottingham: mais il ne réussit pas dans cette localité, et on cessa de l'employer. En France, où l'on n'en possédait pas d'autre, l'industrie dut s'en contenter et s'en servir; il fut aussi importé en Autriche.

Le Tulle produit par ces métiers, et connu sous le nom de « Tulle simple et double de Lyon et de Vienne » était à boucles simples ; de là le nom de *simple press* (métiers à pression simple) donné à ces métiers encore primitifs, et qui ne recevaient en France que peu de progrès, tandis qu'en Angleterre on se servait des perfectionnements apportés à ces Tulles, tels que le *Barley Corn*, le *Point Net*, le *Warp*, etc.

Cet arrêt dans les progrès de cette industrie en France était une conséquence de la première Révolution ; pendant cette période, en effet, les relations furent rompues entre les deux pays, et l'industrie dut renoncer à ces échanges qui étaient si favorables à sa marche et à la richesse du pays.

Cependant, à la fin du siècle dernier et au commmencement de celui-ci, la fabrication du Tulle était plus répandue en France qu'en Angleterre ; car déjà, lors du traité d'Amiens (27 mars 1802), il existait à Lyon et à Nîmes 2,000 métiers à Tulle, tandis que l'on en comptait à peine 1,200 en Angleterre. Néanmoins, cette industrie ne prit un développement réel et sérieux dans les deux pays qu'à dater de 1809 ; mais comme le Tulle anglais avait conservé une supériorité réelle sur les tissus français, le gouvernement de l'Empereur, pour ne pas décourager les producteurs nationaux, en prohiba l'importation vers l'année 1802.

Jusqu'alors, les procédés avaient changé, la maille avait été modifiée, le point avait varié, mais la matière était toujours restée la même ; à cette époque seulement, Page, de Nottingham, fabriqua le premier Tulle de coton, à l'imitation du Tulle de fil de lin, qu'on cessa de fabriquer, au grand regret du clergé catholique qui, d'après les rites de sa Religion, ne doit porter que des aubes en fil de lin.

Le système de mesurage actuel, qui consiste à compter le Tulle par *rack*, remonte également à cette date. Un rack se compose de 240 mailles de Tulle sur la longueur; ce procédé de mesurage a pour objet de prévenir, entre le fabricant et l'ouvrier, les contestations qui provenaient auparavant de l'élasticité du tissu, lorsqu'ils employaient une longueur déterminée pour l'achat ou la vente.

La prohibition du Tulle anglais en France en avait naturellement augmenté le prix. Un spéculateur, William Hayne, un des propriétaires du Tulle grain-d'orge, profita de cette circonstance et se rendit à Paris pour y vendre des Tulles qu'il y introduisait en fraude. Au même moment, la guerre se rallumait et le retenait à Paris; l'Empereur Napoléon Ier informé du séjour de W. Hayne dans cette ville, l'engagea à y établir des métiers à Tulle; Hayne s'y refusa; il préféra continuer son commerce illicite, et il l'exerça avec beaucoup de succès jusqu'en 1809, époque à laquelle ses propres employés le dénoncèrent à la Douane; on brûla le Tulle saisi, et il perdit en une seule fois 1,500,000 fr. Cette perte, jointe à d'autres saisies, le ruina complètement; il ne dut même sa liberté qu'à une prompte fuite en Angleterre.

Comme nous le verrons plus loin, plusieurs brevets avaient été pris en France pour le perfectionnement du Tulle Méchlin, au moment même où l'on commençait à abandonner ce système en Angleterre, à cause de la supériorité marquée du *Bobbin net lace* (Tulle bobin), qui parut en 1809 et qui, dès lors, lui fut définitivement préféré, ainsi qu'à tous les anciens points. Pendant cette même année, MM. Dervieu et Piaud, de Saint-Etienne, prirent un brevet pour une machine propre à faire le fond de la Dentelle dit *Fond de glace*, c'est-à-dire le Tulle croisé ; mais la production étant très lente, les inventeurs ne purent soutenir la concurrence du Tulle bobin, et renoncèrent à leur industrie.

L'abandon des métiers *Point Net*, *Warp* et *Méchlin*, devint rapidement tel en Angleterre, qu'ils n'eurent bientôt plus de valeur que celle du vieux fer ; le nombre de métiers *Point Net*, de 1,500 qu'il était en 1810, était réduit, en 1828, à 27, qui furent achetés et transportés à Lyon par M. Berthaud.

IV

TULLE BOBIN.

Le Tulle existait, mais non l'industrie tullière; jusque-là, comme nous venons de le voir, bien des perfectionnements avaient été apportés dans le système primitif du métier à Tulle, c'est-à-dire dans le métier à bas; mais comme ils ont presque tous disparu, et que leur produit même n'est plus estimé, nous nous sommes borné à un rapide historique des découvertes dues à Lee, à Strutt, etc., et de leurs différents progrès.

Avec le métier *Bobbin net* commence une nouvelle phase dans l'histoire du Tulle. La variété des tissus, les combinaisons ingénieuses des métiers, l'intérêt qui s'attache aux développements incessants de cette industrie, nous engagent à donner dorénavant une description particulière de chaque système de métier.

Nous commencerons par l'explication du métier employé pour la fabrication du Tulle uni, tel que l'exécute le métier circulaire qui, de tous, produit le meilleur et en plus grande quantité.

Le nom de *Bobbin net* lui vient de ce que le Tulle est tissé avec des bobines et des chariots au lieu d'aiguilles et de platines.

La figure n° 1 représente le Tulle tel qu'il apparaît sur le métier avec les fils de chaîne, tendus de manière à ne pas être entraînés par la trame. La figure n° 2 est le même Tulle lorsqu'il est

(37)

tombé du métier, tendu dans le sens de la largeur et maintenu par l'apprêt dans cette position, qui donne à la maille la forme hexagonale.

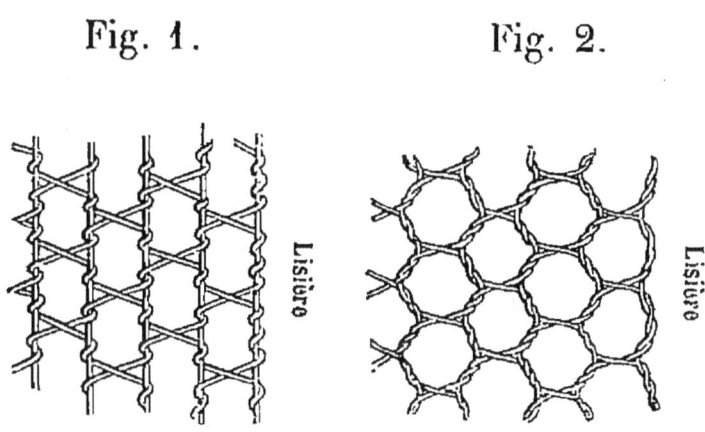

Fig. 1.   Fig. 2.

Le système du Tulle bobin est celui de la fabrication de la toile, c'est-à-dire qu'il est composé d'une chaîne et d'une trame. Lee avait emprunté au système du tissage l'idée de faire passer le fil d'un bout à l'autre du métier ;

4

l'inventeur du Tulle bobin a emprunté au métier à tisser la même opération; mais il est allé plus loin en adoptant, outre le mouvement de la trame, la chaîne dont il se borna à changer la disposition, et qu'il plaça dans le sens vertical au lieu du sens horizontal. Dans la formation du Tulle, chaque fil de la chaîne, posé verticalement, est entouré par une bobine qui *passe* ensuite à l'autre rangée de *bolts* pour entourer le fil voisin, et ainsi de suite d'un bout à l'autre du métier, dans un sens oblique, jusqu'à la lisière ; de là, elle est renvoyée en sens contraire jusqu'à l'autre lisière, de sorte que le Tulle est composé d'un fil de chaîne vertical et de deux fils de trame obliques qui se croisent de gauche à droite, puis de droite à gauche, d'une lisière à l'autre ; de là, le nom de *Twist net* Tulle tressé), que l'on a donné au Tulle bobin, mais qui ne peut s'appliquer au Tulle tricot, bien qu'on l'ait souvent affirmé.

La bobine, ou navette, avec son chariot, qu'on appelait d'abord *Lark Whistle,* et qui était alors de bois et de fer-blanc, est une des combinaisons les plus heureuses que l'on connaisse. Celle qu'on emploie de nos jours est composée de deux disques de cuivre ou de tôle, rivés l'un à l'autre; elle roule dans un chariot de tôle lorsque la bobine est de cuivre, et *vice-versâ*, *fig*. 3. B. Ce chariot, *fig*. 3. *e*. possède une ou plusieurs queues et une rainure transversale dans le bas, par laquelle il est maintenu debout entre des lames de fer appelées *combs* ou *bolts* (peignes, chevilles) c, plus, un ressort s pour régler la tension du fil *t*. Il se trouve généralement autant de navettes que de fils de chaîne ; les chariots glissent dans les *bolts* à l'endroit de la rainure. Ils sont ordinairement placés sur deux rangs. Dans certains métiers, il entre jusqu'à 4,000 bobines et autant de chariots.

Fig. 3.

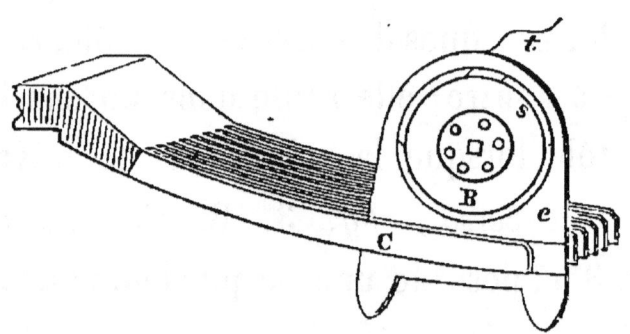

Le procédé que nous venons de décrire est celui qui est employé actuellement pour la fabrication du Tulle uni. Nous engageons ceux de nos lecteurs, qui désireraient l'étudier davantage, à consulter la savante description de M. Michel Alcan, dans son *Essai sur l'Industrie des métiers textiles* (*).

La fabrication des bobines et des chariots est une industrie spéciale. Les premiers fabricants de Tulle en France les faisaient eux-mêmes, ou les demandaient à Nottingham; mais, en 1824, Cobb, Walker, Greasly, Britton, West et enfin Ch. Ferguson commencèrent à en fabriquer à Calais; puis, ce dernier établit d'autres fabriques successivement à Lille, à Cambrai, à S^t.-Pierre-lès-Calais et à Lyon. Aujourd'hui, il n'en existe que dans ces deux dernières localités et à Lille.

L'invention de cette ingénieuse bobine qui n'est, en réalité, qu'une navette, est attribuée par les uns à John Heathcoat,

(*) Un vol. in-8°, Paris, 1859.

de Longwhatton; mais elle est revendiquée par les descendants de Robert Brown, de Nottingham; d'autres l'attribuent à Kindley, de Loughborough.

Avant qu'elle fût appliquée au métier à Tulle, sa première destination avait été la fabrication du filet : c'est ce qu'on voit par des comptes-rendus de la Société des Arts de Nottingham (année 1786); il y est parlé d'un métier à bobines pour faire le filet, inventé par Boswell. Quel fut le sort de cette invention ? Nous l'ignorons; mais elle n'empêcha pas Robert Brown de prendre un brevet pour un métier à Tulle portant des bobines et des chariots, et « *pouvant faire le Tulle fin ou le filet.* »

Le procédé de Brown était imparfait. Pendant qu'il s'étudiait à le perfectionner, Edward Whittaker modifia la forme des bobines et des chariots, ainsi que le système du métier, en faisant passer les chariots à travers les fils de chaîne à chaque mouvement du métier, ce qui n'existait pas encore. George Whitmore et John Lindley fils y apportèrent aussi un perfectionnement; plus tard, Charles Hood et John Moore y firent également des additions, et enfin, en 1808, Heathcoat prit un brevet pour un premier métier bobin; puis, en 1809, de concert avec son associé, Charles Lacey, il en prit un second de 14 ans pour le métier *Old Loughborough*. Heathcoat et Lacey, devenus, par ces brevets, maîtres de la propriété des bobines et des chariots, s'attribuèrent dès lors le droit de vendre la faculté de les employer : mais plusieurs mécaniciens, qui travaillaient depuis longtemps à d'autres systèmes, fondant leur refus sur la priorité de l'invention de Brown et autres, refusèrent de payer ce droit, et il en résulta maints procès qui furent tous gagnés par Heathcoat et Lacey, au détriment de Robert Brown. Celui-ci reçut alors une rente de 15 francs par semaine de la ville de Nottingham, en considération du service que son invention avait rendu à l'industrie naissante. Il fut même consulté dans le différend qui eut lieu entre Heathcoat et les délinquants : et, d'après le jugement rendu, il fut décidé que chaque fabricant aurait la faculté de se servir des bobines et des chariots, en payant à Heathcoat et Lacey un droit déterminé. Ces derniers reçurent en une seule année (1819), 10,000 livres sterling (250,000 fr.) pour la redevance de 600 métiers.

Ainsi, il est évident que Robert Brown eut la première idée des bobines et des chariots du métier à Tulle ; il fit même, avec leur secours, des échantillons de Tulle de lin, de coton et de soie, qui sont encore en la possession de sa famille. Mais il est également incontestable que Heathcoat fut le premier qui ait construit un métier capable d'employer avec avantage les bobines et les chariots. Du reste, aucun de ces métiers, pas même le système du métier *Loughborough*, ne ressemblait à l'invention de Brown.

En 1804, celui-ci avait pris un second brevet pour un métier *Warp* perfectionné, destiné à fabriquer les imitations de Valenciennes et d'autres points. Mais ce nouveau procédé ne paraît pas avoir mieux réussi que les autres inventions de Brown. Son fils ne fut pas plus heureux. Il se fit remarquer aussi dans l'industrie des Tulles ; il en créa plusieurs espèces, mais il ne put les exploiter faute de fonds.

A partir de l'apparition du métier de Heathcoat, de nouveaux et nombreux systèmes de métiers surgirent coup sur coup ; le nom de la plupart de leurs auteurs ne nous est pas même parvenu ; nous savons seulement que quelques-uns devinrent fous, que d'autres se suicidèrent et que d'autres encore moururent de chagrin et de misère.

Maintenant que nous croyons avoir suffisamment traité de l'origine et de l'emploi de la partie la plus importante du métier bobin, il nous reste à décrire le métier circulaire à Tulle uni ; notre figure n° 4 en représente une section verticale.

A est le rouleau de chaîne, et B représente un rouleau semblable qui reçoit le Tulle terminé. Les fils de chaîne se dirigent verticalement vers le rouleau B, en passant par les trous des guides $a\,a$, qui sont des espèces d'aiguilles plates réunies à leur base dans des plaques de plomb vissées à deux barres de fer, et dont l'une est placée devant, l'autre derrière le métier. Ces barres de guides reçoivent du moulin un mouvement de droite à gauche, et *vice-versâ*, pour laisser passer les fils de trame lorsque ceux-ci vont d'un fil de chaîne à un autre. Les chariots qui, comme on le sait, contiennent les bobines, sont placés sur deux rangs $c\,c$ de chaque côté de la chaîne et sont soutenus par les *bolts* $C\,C$, dont les extrémités sont tellement rapprochées, que tout en laissant suffisamment de place pour le mouvement des fils de chaîne, les chariots s'engrènent par un

(48)

Fig. 4.

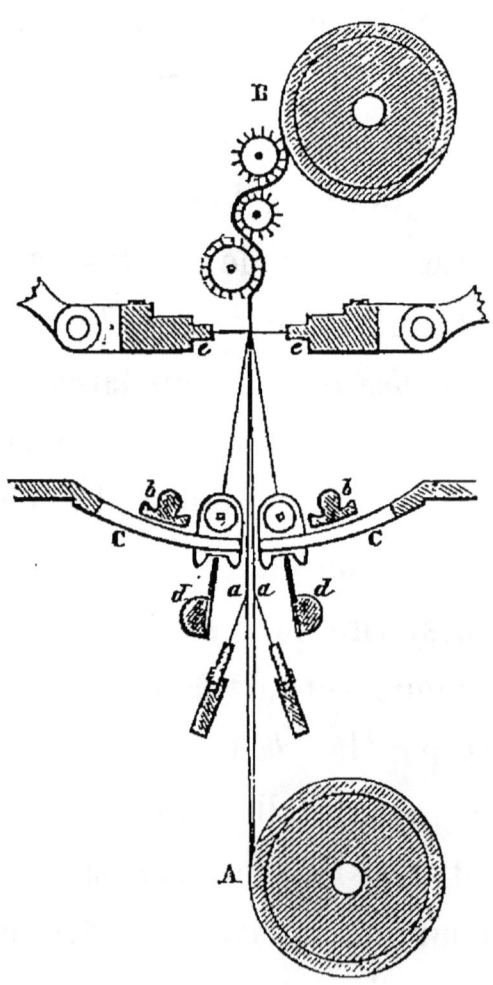

bout dans une rangée avant d'avoir quitté l'autre. Ces *bolts* (ou chevilles), fixés également dans du plomb, sont vissés sur deux barres de fer qui font aussi un mouvement de va-et-vient, comme les barres de guides lorsque les chariots doivent changer de fil de chaîne. Les chariots sont transportés d'une rangée de *bolts* à l'autre en traversant les fils de chaîne et en formant le tissu à l'aide de deux *pusher bars* (pousse-barres) *b b* qui agissent sur leurs côtés, et de *locker bars* (locqueurs) *d d*, qui les font mouvoir par les queues. Lorsque les fils des bobines ont entouré plusieurs fois les fils de chaîne, la torsion est recueillie alternativement par deux barres de pointes, l'une devant et l'autre derrière le métier *e e*; ces barres sont composées d'aiguilles rondes sans œillet, qui sont, comme les guides et les *bolts*, assujetties dans le plomb. Les guides, les *bolts* et les pointes sont espacés selon la grandeur de la maille. Ainsi, dans un métier 10 points, dix de ces objets mesurent un pouce anglais, et ainsi de suite.

VI

DESCRIPTION DES MÉTIERS BOBINS.

MÉTIER OLD LOUGHBOROUGH.

Pour décrire chaque système, en suivant l'ordre de date de chaque invention, nous commencerons par le premier métier bobin qui ait travaillé : ce fut celui de Heathcoat, breveté en 1808 ; ce système ne différait en principe du métier à Tulle uni actuel que sous le rapport des barres, qui donnaient aux chariots le mouvement de va-et-vient ; on les appelait *fetchers* ou *catch bars* (rameneurs ou accrocheurs), parce qu'au lieu de pousser les chariots, comme le font les pousse-barres, ils les ramenaient en les accrochant. Le métier ne possédait qu'une rangée de chariots : mais la difficulté de faire des bobines et des chariots assez minces pour passer entre les fils de chaîne, amena l'inventeur à adopter deux rangées ; c'est alors (1809) qu'il prit, avec son associé, M. Charles Lacey, ce second brevet dont nous avons parlé, pour le métier connu sous le nom de *Old Loughborough*. Ce métier employait 60 mouvements pour faire une seule maille de Tulle, résultat qu'on obtient actuellement avec douze. Il produisait mille mailles à la minute, et c'était un progrès considérable, si l'on songe que le travail aux fuseaux n'en peut exécuter que cinq ou six pendant le même espace de temps. Toutefois personne n'ignore qu'aujourd'hui un bon métier circulaire en donne jusqu'à 30,000 à la minute.

Heathcoat monta son premier essai de Tulle sur trois centimètres de largeur ; mais, d'après l'avis de M. Thomas Fisher et de M. Charles Lacey, son futur associé, il construisit un métier pour en faire sur un *yard* (0^{m}915). Il existe en ce moment des métiers qui produisent jusqu'à quatre mètres de Tulle sur la largeur. Ainsi que le démontre notre tableau de statistique ; ce Tulle coûtait alors cent vingt-cinq francs le *yard* carré (0^{m}830 carrés) ; de nos jours, il se vend trente centimes !

En 1813, Heathcoat perfectionna son métier pour faire le Tulle en bandes ; en 1815, il y ajouta le mouvement rotatif. Ce fut là que s'arrêtèrent les perfectionnements apportés par l'inventeur au métier *Loughbourough*, qui fut bientôt remplacé avec avantage par d'autres systèmes. Braley créa un métier qui n'était qu'une amélioration du métier de Heathcoat, mais il n'eut que peu de succès.

MÉTIER TRAVERSE WARP.

Le *Traverse Warp* (chaîne qui traverse), inventé par John Brown et George Freeman, en 1810, différait entièrement du système actuel ; il empruntait à celui de Heathcoat et Lacey une partie de son mécanisme, mais il s'en distinguait cependant par le croisement des fils, dû au mouvement de la chaîne qui se trouvait roulée sur de grosses bobines qui contenaient autant de fils qu'il en fallait pour la largeur des bandes à fabriquer. Ces chaînes, une fois composées, étaient placées sur le haut du métier, et débitaient leur contenu par un pignon. Les fils des chaînes étaient poussés et changés de place par deux *fork bars* (barres à fourchettes); puis, les chariots les traversaient pour former la torsion. Les chariots se trouvaient au-dessus de la chaîne, et les fils de la trame descendaient au lieu de monter : de cette façon le travail se formait au dessous, et le rouleau qui le contenait se trouvait à la place de la chaîne, et *vice-versâ*. C'était donc le contraire des autres systèmes, à l'exception d'un *Upside down circular bolt*, (métier à chevilles circulaires renversées) qui n'eut que peu de durée.

Comme ce métier empiétait sur le

brevet de Heathcoat et Lacey, ces derniers attaquèrent les contrefacteurs, ainsi que Moore qui venait aussi de créer un système *Traverse Warp* analogue; leurs noms s'ajoutèrent donc à la liste de ceux qui, comme nous l'avons dit, furent condamnés à payer une redevance annuelle pour l'emploi des bobines et des chariots.

MÉTIER STRAIGHT BOLT.

C'est en 1811 que William Morley imagina un nouveau procédé pour remplacer les *combs circulaires* qui maintenaient alors les chariots, et dans lesquels ils glissaient jusqu'alors par des *bolts* droits. Le brevet que prit l'inventeur, conjointement avec son associé, John Kendal, porte le nom de *Straight bolt* (cheville droite); mais ce système avait l'inconvénient de produire des mailles inégales, parce que les bobines ne débitaient pas le fil d'une manière régulière à cause de la grande quantité qui s'en échappait lorsque les chariots étaient au bout de leur course. La forme circulaire remédie à cet inconvénient, puisque les chariots ne s'éloignent pas du point central où se réunissent les fils et où se forme la maille. Ce ne fut pas le seul changement que les inventeurs apportèrent dans leur procédé; ainsi, pour opérer le croisement des fils de chaîne et de trame, c'était le corps du métier qui faisait le mouvement de va-et-vient, en entraînant les chariots, tandis que la chaîne restait en place. Il y avait là une grande difficulté qui amena bientôt l'abandon de ce procédé.

MÉTIER PUSHER.

Le *Pusher* (pousseur) différait sous plusieurs rapports du métier ordinaire ; il fut inventé, en 1812, par Samuel Clark et James Mart, de Nottingham, et eut beaucoup de succès, malgré les inconvénients qu'il présentait ; en effet, tous les chariots étant placés sur une seule rangée, ils ne pouvaient produire que des pièces très courtes, à cause de leur peu d'épaisseur qui s'opposait à ce qu'ils continssent beaucoup de trame ; les *combs* en étaient convexes au lieu d'être droits comme les *bolts* de la première invention de Morley, ou concaves comme dans la seconde ; c'est, du reste, cette dernière forme qu'on emploie actuellement dans les autres systèmes.

Les chariots du *Pusher* étaient mus

dans les *combs* par des pousseurs indépendants les uns des autres, et il en existait autant que de chariots; ils agissaient sur ceux-ci, tantôt partiellement, tantôt sur tous ensemble, selon la torsion qu'on voulait obtenir.

MÉTIER LEAVER.

Le système *Lever* ou *Leaver* avait quelque analogie avec le *Pusher* et avec le *Loughborough*; il est dû à trois homonymes, John Leaver père, fils et neveu, et parut en 1814. Il ressemblait au *Pusher* en ce qu'il n'avait qu'une seule rangée de chariots. Les inventeurs avaient d'abord établi leur métier sur un plan horizontal, pour esquiver le brevet Heathcoat et Lacey: mais ils durent y renoncer et revinrent à la position verticale. Les fils étaient poussés par des petites lames appelées *stumb bars* (barres à diviser), et ramenés par des *fetchers* (rameneurs) ; c'est en cela, et à cause de la ressemblance de ses chariots avec ceux du *Loughborough*, que ce métier participait des deux systèmes.

MÉTIER ROTARY LEAVER TRAVERSE WARP.

Vint ensuite, en 1815, le *Rotary Leaver Traverse Warp*, par John Lindley et Charles Lacey, ancien associé de Heathcoat. Ce procédé, composé du *Leaver* et du *Traverse Warp*, était soumis au mouvement rotatif ; il empruntait au premier son système de chariots, et au second sa chaîne composée ; il n'eut aucune durée.

MÉTIER CIRCULAR BOLT.

En 1817, le même William Morley, qui avait créé le *Straight bolt*, lui donna la forme concave d'aujourd'hui. Ce changement fit appeler son nouveau système *Circular bolt* (cheville circulaire); mais, au lieu de faire mouvoir le corps du métier contenant les chariots comme dans son premier procédé, il imprima le va-et-vient aux deux rangées de chariots par deux barres droites (poussebarres), placées l'une devant et l'autre derrière, et posées à leurs extrémités sur un balancier à chaque bout du métier; ces balanciers étaient mis en mouvement par une pédale d'abord, et plus tard, par des roues de *Cam* (excentriques) lorsqu'on appliqua à ce métier le mouvement rotatif.

Ce système de pousse-barres est le plus généralement adopté aujourd'hui dans tous les genres de métiers, excepté dans le *Pusher*, le *Leaver* et le *Rolling Locker*.

Jusqu'à cette époque tous les systèmes de Tulle bobin, à l'exception du *Rotary Leaver Traverse Warp*, étaient mus par des pédales et des leviers mis en mouvement par les pieds et les mains, absolument comme les métiers à tisser, lorsque John Hindley appliqua au système du *Circular bolt*, de William Morley, le mouvement rotatif; ce mouvement s'obtient à l'aide d'un arbre de couche auquel sont adaptées les roues de *Cam* et qui, mû par la main d'abord, puis par la vapeur, donne une plus grande vîtesse au métier.

MÉTIER ROLLING LOCKER.

Jusque-là, tous les métiers à Tulle avaient été mis en mouvement par la main de l'homme ; enfin, en 1822, les métiers commencèrent à être mus par la vapeur dont l'emploi, depuis 1820, était de plus en plus répandu. Avant cette époque, les métiers avaient été éparpillés chez de petits fabricants qui, pour la plupart, travaillaient eux-mêmes.

Une invention récente de Sewell a donné un mérite de plus au système *Circular bolt* pour la fabrication du Tulle uni, c'est celle du *Rolling Locker* (lockeur roulant), qui permet de travailler à une vitesse inconnue jusque-là. Avec ce système, on supprime les pousse-barres. Les lockeurs, qui sont dentelés comme une roue d'engrenage dans toute leur longueur, et par conséquent d'un bout à l'autre des deux rangées de chariots, s'engrènent dans les queues de ces derniers ; ces queues sont tellement rapprochées, qu'elles présentent l'aspect d'une scie.

VII

INTRODUCTION DU MÉTIER A TULLE SUR LE CONTINENT.

C'était en 1823 que le brevet de Heathcoat et Lacey devait arriver à son terme. Les spéculateurs attendaient avec impatience ce moment pour se lancer dans la fabrication du Tulle. Cette année devait être leur âge d'or; Nottingham allait devenir l'Eldorado du monde moderne; on y affluait de toutes parts. Le cultivateur abandonnait sa culture; le valet de charrue apportait ses épargnes ; le médecin et l'avocat rêvaient mécanique ; tous payaient en aveugles des gages fabuleux à de prétendus mécaniciens qui devaient créer, par milliers, des systèmes nouveaux, mais dont la plupart n'aboutirent à rien. Parmi ceux qui ont obtenu cependant quelques succès, nous citerons Braley, Greenwood, Crofts et Harvey qui ont apporté des additions et des perfectionnements aux divers systèmes de métiers déjà connus ; toutefois, leurs essais furent souvent incomplets.

Les tullistes français n'avaient pas non plus été inactifs depuis l'importation de Rhumbolt; mais comme ils avaient dirigé leur attention vers les systèmes qu'ils connaissaient, et non vers celui qui devait ouvrir un nouveau et vaste champ à cette industrie, leurs perfectionnements n'ont pas eu l'importance qu'ils auraient acquise sans l'apparition du Tulle bobin. Cependant ces améliorations avaient une certaine valeur, et nous croyons devoir rappeler la date des principaux brevets qui les constatent, ainsi que les perfectionnements apportés plus tard au métier bobin :

1802 Brevet de Jourdan père et fils, de Lyon.
1806 Bonnard père et fils, de Lyon.
1809 Legrand (Bernard) et Cⁱᵉ, — Paris.
  » Jannin, — Lyon.
  » Dervieu et Piau, — St-Étienne.
1810 Desussy, — Lyon.
  » Jolivet, Cochet et Perrony,—Lyon.
1812 Gillet et Jourdant, — Bruxelles.
  » Penet, de Lyon.

1813 Coutan, — Paris.
1818 Maynard, — Nîmes.
  » Alais, — Lyon.
1821 Cochet, — Lyon.
  » Galino, — Paris.
1823 Dervieu et Piau, « métier pour imiter le fond de la Dentelle. »
1825 Robinson et Mosly « perfectionnement imitant le système Leaver. »
1827 Veuve Choël, de Lyon, « Tulle circulaire. »

Ces brevets, les seuls qui aient quelque importance, bien qu'il en ait été pris plusieurs autres pour le même objet, prouvent que l'on s'occupait en France de cette branche d'industrie.

D'un autre côté, et pendant la même période, les tullistes anglais avaient songé à exploiter les métiers à Tulle sur le continent. C'est dans ce but que

George Armitage se rendit, en 1801, avec un métier *Point Net* à Anvers où il en construisit un grand nombre sur le même modèle.

Georges Armitage quitta ensuite Anvers pour Paris où, grâce à la prohibition du Tulle anglais, il espérait obtenir un beau succès ; mais l'introduction sur une grande échelle de ce Tulle, par Hayne, le fit renoncer à son projet, et il s'occupa plus particulièrement des métiers à bas ; il y fit plusieurs innovations, et c'est lui qui inventa le métier à bas circulaire. Il alla aussi en Prusse monter des métiers à Tulle et à bas.

Nous avons connu ce singulier et pétulant vieillard dont la vie s'est passée en voyages. C'est en revenant de ses pérégrinations, vers 1850, alors qu'il était âgé de 82 ans, perclus des jambes, mais possédant encore toute sa lucidité d'esprit et d'imagination, qu'il nous annonça son voyage en Australie; il y allait, disait-il, faire connaissance avec ce pays, avant de choisir celui où il finirait ses jours; — il y est mort en 1857.

Armitage avait introduit le métier à Tulle en Belgique. Son exemple fut suivi plus tard par M. Verbeckmœse, de Termonde, qui y fit monter des métiers, en 1817.

En 1828, on en établit également à Gand, à Bruxelles, à Saint-Fosse-Ten-Voode; et enfin, M. Washer fit construire, en 1834, huit métiers à Bruxelles; c'est sur ces métiers que l'on fabriquait et que l'on fabrique encore le réseau à torsion double et triple sur lequel on applique les fleurs aux fuseaux, et qui produit l'application de Bruxelles.

Si nous nous appesantissons autant sur ces points, c'est que nous avons été amené à en reconnaître l'utilité en comparant tous les écrits publiés jusqu'ici sur le Tulle. Plusieurs auteurs ont, en effet, traité la question ; tous sont en désaccord. Leurs erreurs viennent de ce qu'ils s'en sont rapportés uniquement à des livres qui ont été de plus en plus dénaturés par des copistes. Pour nous, nous avons, autant que possible, remonté à la source de ce que nous avançons. Ainsi les détails qu'on va lire sur l'importation du Tulle en France ont été puisés par nous auprès des importateurs eux-mêmes ou de leurs descendants.

Le premier métier à Tulle établi en France était un *Old Lougborough*. M. Cutts, ancien ouvrier de Heathcoat lorsque ce dernier habitait Lougborough, alla s'établir, avec un nommé Young, en 1815, pendant les Cent-Jours, à Valenciennes où ils commencèrent le métier. Young, qui fournissait les fonds, craignant que les affaires politiques ne les empêchassent de mener leur entreprise à bonne fin, y renonça et retourna en Angleterre. Cutts y alla de son côté pour chercher un autre bailleur de fonds qu'il trouva en M. Black. Dans le courant de septembre de la même année, ils revinrent à Valenciennes.

C'était pendant le siége de la ville, qui ne fut pas plutôt levé, que ces messieurs transportèrent leur métier à Douai où il fut terminé et mis en marche dans la rue S¹-Albin, nº 22. Messieurs Black et Cutts s'associèrent alors avec M. Corbit, ancien corroyeur de Cambrai, et M. Thomassin, sous la raison sociale Thomassin, Corbit et Cie.

Ils firent, le 14 août 1816, une déclaration de leur métier à la préfecture du Nord, pour constater la priorité de leur importation : mais ils ne prirent leur brevet que le 15 novembre de l'année suivante. Toutefois, dès 1816, ils offrirent à la duchesse d'Angoulême une robe de leur fabrication en Tulle de fil brodé à la main par Mme Ward, de Douai. La princesse porta donc le premier Tulle fabriqué en France. Nous avons en notre possession un échantillon de ce Tulle coupé à la même pièce que sa robe.

Par cette importation du métier à Tulle bobin, MM. Black et Cutts dotèrent plusieurs localités d'une industrie inconnue jusqu'alors en France, et en firent la fortune ; nous pouvons ajouter qu'un de ceux qui ont amené la prospérité dans ce pays y végète aujourd'hui dans la position la plus précaire. Le fils de M. Black, venu en France en 1815, avec son père, l'a aidé avec énergie ; il lui succéda ensuite et continua à monter des métiers dans plusieurs autres villes. Maintenant, par suite de revers de fortune, il n'a pas même un métier pour pouvoir subvenir à ses besoins. Combien d'autres pionniers du travail ont payé par la misère les services qu'ils ont rendus, et ont trouvé la ruine en créant des industries qui ont apporté la richesse à des successeurs plus heureux ! Ne pourrait-t-on pas, sur la caisse des brevets, prélever une modeste pension pour ces hommes qui vont au loin poser les premiers jalons d'une voie nouvelle dans le champ des découvertes industrielles? Mais leur but n'est-il pas d'arriver à la fortune, nous dira-t-on? La Société, qui ne profitera pas de leur succès, a-t-elle à se préoccuper de leurs échecs? Soit; mais le soldat et l'administrateur, après avoir contribué à la gloire de leur pays, reçoivent une récompense et du pain pour leur vieillesse. Au nom de ces soldats, fondateurs d'industries, nous réclamons, nous aussi, une juste récompense pour le bien qu'ils ont fait!

Dans un rapport sur l'industrie tullière (*) de Calais, on a regretté de ne pouvoir donner la date de son importation dans cette ville, ni indiquer le siége de la première fabrique ; plus heureux que l'auteur de ce rapport, nous pouvons donner ici des détails précis, puisés auprès du dernier survivant des cinq premiers ouvriers tullistes établis à Calais.

Il paraîtrait que vers la fin de 1816, un nommé James Clark alla s'établir à Calais où il monta un métier de son invention, qui tenait à la fois du *Pusher* et du *Traverse Warp;* il avait dû le faire sortir en fraude d'Angleterre, attendu que l'exportation des machines anglaises était prohibée et punie de la déportation ; il s'associa avec MM. Webster et Bonington,

---

(*) 27 Février 1857.

père du célèbre peintre de ce nom. C'est à Paris, où son père avait été appelé pour le placement des produits de sa maison, que le jeune Parks Bonington étudia un art qu'il devait porter si haut.

M. Clark, qui était mécanicien, monta, en outre, dans la même ville, un certain nombre de métiers, avec l'aide de MM. Robert West et Dobbs père et fils.

La société Clark-Webster et Bonington fut dissoute le 28 octobre 1818, et les métiers furent arrêtés. MM. Webster et Bonington reprirent ensemble la fabrication des Tulles au commencement de 1819. La dissolution de la société Clark-Webster et Bonington eut pour cause un roman amoureux que nous tairons ici parce que le héros vit encore.

M. Clark, de son côté, fonda à la même époque, avec M. Dalton, une seconde fabrique à Calais, rue de la Poissonnière, n° 292. Il alla à Lille, vers 1822, et s'y associa avec M. Machu.

Ce fut seulement, le 13 avril 1819, que MM. James Clark, Richard Polhill, Thomas Pain, Edward Pain et Thomas Dawton établirent à Calais, rue de la Cloche, leurs métiers *Warp*, Mechlin et bobins. Jusqu'en 1821, cette industrie resta à peu près entre les mains de ces deux maisons.

A cette époque, le doyen actuel des fabricants français établis à Calais, M. Dubout aîné, s'associa avec un nommé Austin qui avait plusieurs métiers Mechlin; puis ils commandèrent à M. Cliff père, aujourd'hui à St-Quentin, un métier bobin. Lorsque, quelques mois plus tard, ce métier fut mis en marche, la maison Clark, Webster et Bonington, justement alarmée de voir une maison française en possession d'un métier bobin, chargea M. Webster d'offrir à M. Dubout un bénéfice de 2,000 fr. sur le prix d'achat du métier ; mais, pour nous servir des propres paroles de M. Dubout, « il était jeune et désirait suivre la marche d'une industrie qui lui plaisait. »

Animé d'un sentiment national très louable et malheureusement trop rare en France, il fit construire, sous sa direction, le premier métier vraiment français, par un mécanicien calaisien, M. Méhaut qui devint, en 1824, *rackeur* (ouvrier tulliste) et *butty* (camarade) de métier de M. Liévin Delhaye, le maire actuel de Calais.

C'est en 1817, dans une maison située sur le quai du Commerce, à S¹-Pierre-lès-Calais, maison maintenant divisée en deux et portant les n°ˢ 712 et 713 (*), que le premier métier à Tulle fonctionna caché à tous les yeux. MM. Bonsor-Morris, et Charles Macarther, tous deux de Leicester, furent les premiers qui y travaillèrent. M. Bonsor, actuellement le dernier survivant, quitta la France en 1819, mais il y revint, et, en 1825, il se fixa à Lille où il établit une fabrique de métiers *Warp* et *Leaver*; il fut aussi le premier en France qui fabriqua le picot mécanique sur métier *Warp*; lorsqu'il y a quatre ans, M. Bonsor se retira des affaires, son fils, M. James Bonsor, prit la direction de la fabrique ; elle fait des imitations de Dentelles noires et blanches sur des métiers *Leaver*, et continue à faire le picot sur des métiers *Warp*.

(*) Et non rue de la Cloche, à Calais, comme on l'a affirmé. — Voyez la page 78.

En 1824, MM. Jenny et Sailly achetèrent à Nottingham un métier *Circular bolt* et l'apportèrent à St-Pierre-lès-Calais où il fut mise en marche par M. S. Ferguson. Au même moment un métier *Leaver* fut également monté à St-Pierre-lès-Calais. A cette époque, l'industrie tullière, qui est la seule du pays et qui en fait la richesse, prit le plus heureux et le plus rapide développement; bientôt après, un certain nombre de métiers, d'abord établis à Calais, furent transportés à St-Pierre. Les propriétaires de métiers avaient pour but de se soustraire ainsi aux tracasseries des habitants de la ville. Ceux-ci, en effet, et cette circonstance montre les progrès et l'activité même de la fabrication, se plaignaient du travail de nuit des métiers à Tulle, et ils provoquèrent un arrêté du Conseil Municipal pour régler les heures de travail.

Cet arrêté interdisait le travail de nuit dans les ateliers de Tulle à Calais; il a été pris, le 5 juillet 1832, par M. Leveux, alors maire de Calais, et confirmé de nouveau, le 11 avril 1843, par M. Legros-Devot, qui succédait à M. Leveux dans les fonctions de maire.

Ces renseignements et ceux qui font suivre sont officiels. « Les dispositions restrictives de ces arrêtés ont eu des conséquences fâcheuses pour Calais; les fabricants, gênés dans leur industrie, ont dû quitter cette ville pour aller se fixer à St-Pierre où ils trouvaient de plus grandes facilités. Aussi, pour mettre un terme à cette désastreuse émigration, un nouvel arrêté municipal a été pris, le 18 février 1852, par M. Mayer, aussi maire de Calais, et les dispositions des précédents arrêtés ont été abrogées. »

Il résulta du travail forcé de 1826 à 1838, que la production dépassa souvent la demande ; de là des paniques qui occasionnèrent le retour de beaucoup d'ouvriers anglais dans leur pays.

Les Calaisiens ne s'occupant pas de la fabrication du Tulle uni, et les métiers circulaires ne pouvant lutter avec le *Leaver* pour la fabrication des Tulles-fantaisie, vendirent leurs métiers circulaires aux fabricants de Lyon, et c'est dans cette ville que sont actuellement les seules fabriques de France qui produisent le Tulle uni en soie, à quelques rares métiers près.

Lors de son début à Calais, l'industrie tullière eut beaucoup de peine à soutenir la concurrence avec l'Angleterre : en effet, la filature française n'était pas parvenue à produire des numéros de coton assez fins, et la prohibition des cotons anglais réduisait les fabricants français à n'employer ces numéros qu'autant qu'ils pouvaient les introduire en France par la fraude.

A ce propos nous signalerons un fait peu connu, excepté des personnes intéressées. A l'époque de la prohibition des cotons anglais, les propriétaires des métiers à Tulle faisaient parvenir en fraude, à leurs risques et périls, des cotons de la filature d'Outre-Manche, jusque chez les filateurs français. Ceux-ci, moyennant une prime de de 4 p. 0/0 sur la valeur des produits, les estampillaient à leur nom et les expédiaient alors ouvertement à leur propriétaire. D'autres filateurs faisaient la fraude pour leur propre compte.

Dès 1826, Calais avait demandé la levée de la prohibition; mais cette mesure se fit attendre jusqu'en 1834 (*), époque à laquelle le gouvernement français se borna à prélever un droit de 8 fr. 80 par kilo, soit 35 p. 0/0 sur le n° 170 (143, système métrique). Non seulement la loi de 1834 produisit un effet salutaire, pour les producteurs de Tulle, mais elle poussa les filateurs français à perfectionner leurs cotons, et les chiffres suivants prouvent jusqu'à quel point ils ont réussi :

	Importation	Consommation
1842 —	47,500 k°°. —	97,151 k°°.
1850 —	3,748 k°°. —	80,362 k°°.

(*) Malgré la prohibition, et afin de favoriser l'industrie locale, la Douane fermait les yeux sur la fraude des cotons, qui s'opérait sur une grande échelle, absolument comme dans certains pays la traite des nègres est tolérée dans le même but.

Depuis cette époque, la filature française suffit à peu près à la consommation du pays.

En 1851, selon le rapport de M. Aubry, lors de l'exposition de Londres (*), la fabrique de Calais ne pouvait lutter de prix avec celle de Nottingham; aujourd'hui, que les portes de la France sont ouvertes, les Calaisiens affirment qu'ils peuvent soutenir la concurrence de l'article anglais. Les acheteurs le prouvent, depuis le 1er octobre 1861, en donnant la préférence aux Tulles fantaisie de Calais. Ainsi se réalisent les prévisions que nous avons

---

(*) *Rapport sur les Dentelles, les Blondes, les Tulles et les Broderies*, fait à la Commission française du jury international de l'Exposition universelle de Londres, 1851.

émises, en août dernier, avant la promulgation de la loi sur le Libre-Échange (*).

M. Aubry affirme également que, jusqu'en 1834, les fabricants de Calais copiaient leurs devanciers de Nottingham, mais que, depuis cette époque, ils ont créé un genre particulier ; grâce au goût qui préside généralement à tous les articles français, ces derniers ont acquis, en effet, une supériorité telle, que l'on expédie maintenant, de Calais à Londres, beaucoup d'articles fins et supérieurs.

L'émigration d'un grand nombre de tullistes de Nottingham à Calais, la persévérance et le talent incontestables des fabricants calaisiens, ont fait de cette localité un centre commercial très important. C'est à ce point, que la population

(*) *Origine du Libre-Échange*, par S. Ferguson fils, Amiens, 1861, in-8º.

de St-Pierre, qui était de 4,000 âmes en 1816, a été portée à 11,000 en 1851, et se trouve être aujourd'hui de 14,779. Cependant, malgré ces rapides progrès, nous ne partageons pas l'opinion de M. Aubry, lorsqu'il dit qu'il n'y a qu'une seule fabrique de Tulle en France, car, à nos yeux, Lyon a sur Calais une priorité incontestable, et surtout un notable avantage : c'est que le progrès qui a eu lieu dans cette dernière localité est dû presque exclusivement à des industriels français, tandis que les tullistes anglais sont en grande majorité dans Calais.

Nous ajouterons de plus, que depuis dix ans la moitié des brevets pris en France, sont au nom de Lyonnais; l'autre moitié est partagée entre St-Pierre-lès-Calais, Lille, Paris et l'Angleterre.

Nous ne pouvons quitter cette intéressante localité sans donner un souvenir à M. H. Black, un des fabricants de Tulle les plus capables que nous connaissions. M. H. Black arriva à Calais en 1822, et il y monta un métier pour faire du Tulle en bandes. En 1830, il prit un brevet pour le point de Tulle *Grecian* (grec); deux ans après, il quitta Calais pour Lille qui est sa résidence depuis cette époque; là, comme à Calais, il ne cessa de créer de nouveaux procédés, pour lesquels il prit des brevets en 1834, 1836, 1841 et 1847.

En 1820, nous trouvons que l'infatigable Heathcoat avait installé à Paris ses métiers Loughborough, mais il n'y resta que jusqu'en 1827; à cette époque il transporta sa manufacture à St-Quentin où elle a fonctionné sous la direction de

MM. Cross et Hallam. Depuis la mort de Heathcoat, elle est en liquidation. Vers 1823, M. Cliff père quitta Calais et s'établit aussi à St-Quentin où il fonda une fabrique qui existe encore au nom de ses fils.

Pendant cette même année 1820, un nommé Underwood monta à Douai un métier *Warp* pour faire le Tulle uni; deux ans après, M. John Bailey y apporta le système rotatif, inventé par William Dawson, et devint l'associé de la maison Thomassin, Corbit et Cie, qui fut dissoute quelques années après. M. Bailey s'associa avec M. Mew, lors de la dissolution de la maison Widdowson, Bussell et Mew; puis il se réunit à M. Widdowson, sous la raison sociale Widdowson, Mew et Bailey. Enfin la maison fut réorganisée sous le nom de Widdowson et Bailey.

M. Widdowson était arrivé en 1825 à Douai ; il y monta des métiers *Traverse Warp*. Nous lui avons entendu dire qu'il y forgea lui-même, chez un ami, le premier marteau dont il se servit pour construire ses métiers. M. Cantelo accompagna M. Widdowson et fabriqua les chariots et les bobines de ce métier. La maison Widdowson et Bailey produisit du Tulle uni de coton sur des métiers *Circular bolt* et des tattings sur des métiers *Traverse Warp*. Cette fabrique, qui fait encore le Tulle uni en bandes, est la propriété de M. Wm Bailey, petit fils de M. John Bailey.

En 1835, M. Wootton établit également des métiers pour faire les tattings et les Tulles unis ; sa fabrique existe encore sous la direction de sa veuve.

Nos lecteurs se rappellent le monopole que MM. Heathcoat et Lacey avaient obtenu pour l'emploi du chariot et de la bobine ; ils poussèrent si loin leurs poursuites contre ceux qui s'en servaient sans licence, que les trois Leaver, qui étaient d'une nature pacifique, et plus musiciens que plaideurs, quittèrent Nottingham, vers 1821, pour la Grande-Couronne, près de Rouen, où ils établirent des métiers de leur système pour le compte de M. Lefort, récemment décédé.

L'Industrie du Tulle, en se développant, se répandit encore sur plusieurs autres points de la France ; nous l'y suivrons, en tenant compte plutôt de l'ordre des dates que de la position géographique des localités.

Il existe encore des métiers à Tulle *Circular bolt* à Séclin ; ils furent installés dans ce village par M. Louis Leguiller.

Il se trouve aussi un assez grand nombre de ces métiers à Caudry (Cambrésis), et dans les environs. Le premier fut établi en 1825 par M. Carpriau qui alla le chercher à Anvers. Il y a environ 15 ans, M. Brown, fabriquait, à Fontaine-Beauvois, des Tulles fantaisie ; actuellement il ne se produit guère, dans tout le Cambrésis, que du Tulle uni en coton. Cet arrondissement, Douai et Lille sont les seules localités où se fabrique ce genre de Tulle.

Le Cambrésis a beaucoup souffert depuis la promulgation du traité de commerce, et il est même à craindre qu'il ne puisse soutenir la concurrence avec l'Angleterre, à cause de l'insuffisance du matériel, qui est monté encore sur les anciens systèmes, moins rapides que celui des Anglais.

Une ville où l'on fabrique du Tulle

depuis plus de trente ans, et dont aucun écrivain n'a jamais fait mention, c'est la ville d'Amiens, si célèbre par ses velours. La capitale de la Picardie n'a pas besoin, pour sa gloire, d'être citée comme un des siéges de la fabrication du Tulle ; mais la tâche que nous nous sommes imposée nous force à signaler les hommes qui ont doté leur ville d'une industrie nouvelle, considérée à juste titre comme une des plus intéressantes des temps modernes.

MM. Wasse et Dupré ont apporté successivement de Calais à Amiens, faubourg de la Hautoie, n° 15, six métiers circulaires, en 1827, en 1828 et en 1837, pour la fabrication du Tulle uni de coton en bandes et en pièces. En 1837, ils ont également acheté, à M. Juliart, deux métiers circulaires que ce dernier avait apportés de Corbie, où il les avait installés avec son associé, M. Heath, en 1829; deux autres étaient restés dans la possession de M. Parrot à Corbie.

Vers 1843, ces Messieurs reprirent à M. Bouthors deux métiers circulaires que ce dernier avait apportés de Calais à Amiens en 1837, et qui ont produit, comme les autres, du Tulle de coton en bandes jusqu'en 1840, époque à laquelle il y fit adapter des roues de moulin taillées pour la fabrication des Tulles fantaisie.

Enfin nos deux Amiénois ont fait venir de Calais, en 1853, en 1854 et en 1855 des métiers circulaires avec le carton Jacquard agissant sur la chaîne ; ils s'en servent encore aujourd'hui pour fabriquer l'article rideau.

Outre Amiens et Corbie, Abbeville n'est pas resté étranger à la fabrication du Tulle, qui y fut introduite, en 1828, par M. Atkin. Il y importa deux métiers circulaires sur lesquels il fabriqua du Tulle de coton en bandes ; mais il démonta ses métiers en 1837. La production du Tulle n'eut jamais dans cette dernière ville qu'une importance secondaire ; elle n'y conquit jamais son droit de cité ; il n'en fut pas de même à Caen.

Vers 1821, feu M. James Keenan père, amena de Nottingham à Berteville quatre métiers *Warp* ; de là il les transporta à Honfleur et enfin à Caen ; son exemple fut suivi par MM. Guilmin, Mingot et Meats, qui introduisirent dans cette dernière ville des métiers *Leaver* et circulaires. En 1826,

M. Keenan s'associa avec M. Daniel Kirk qui partit bientôt après pour Calais où il construisit, de concert avec M. Poole, un métier qu'il rapporta à Caen pour le compte de la société ; mais M. Keenan abandonna, en 1829, à M. Kirk, tous ses droits sur le matériel, à la charge que ce dernier lui fournirait, au cours du jour, toute la marchandise dont il aurait besoin pour la maison de vente qu'il venait d'établir à Paris. Cette condition, si avantageuse au fond pour M. Kirk, avait pour but d'assurer à M. Keenan une quantité de produits que le petit nombre des autres métiers du même genre, existant en France, n'aurait pu lui fournir ; ces produits consistaient en *Tatlings*, en Berlines (espèce de tricot pour gants, etc), et en picot.

Sur ces entrefaites arriva la révolution

de 1830 qui suspendit, pendant quelques années, le développement que prenait déjà la fabrication du Tulle à Caen. Ce ne fut qu'en 1834 que M. Kirk, qui en avait beaucoup souffert, reprit le dessus et acheta à MM. Guilmin, Mingot et Meats, deux métiers *Leaver* et deux métiers circulaires. A cette époque de transition, de 1836 à 1840, où chaque jour voyait naître une nouvelle invention, M. Kirk prit lui même quatre brevets pour des perfectionnements apportés au système *Leaver*.

M. Kirk est un mécanicien de grand mérite ; il n'appliqua pas seulement son génie à perfectionner le métier à Tulle. On s'occupait vivement de la marche des vaisseaux par la vapeur, et il fut un des premiers à établir une machine à rotation, pour laquelle il prit un brevet en France et à l'étranger. Pour l'essayer, il fit construire un vaisseau, de concert avec M. Keenan, son ancien associé, et avec M. Louard; mais le bâtiment étant trop lourd pour la force motrice de la machine, l'inventeur n'obtint pas le résultat qu'il attendait.

En 1845, M. Kirk acheta de nouveau à M. Keenan deux métiers *Leaver*, deux métiers circulaires pour Tulle uni et deux autres métiers *Leaver*, avec Jacquard, pour les Tulles fantaisie; enfin, en 1849, il alla à Barcelone avec son fils, John Rodger Kirk, établir deux métiers *Leaver*, un métier circulaire et un métier *Warp*. M. Kirk ne fut pas plus heureux dans ces entreprises que dans les précédentes; une sorte de fatalité semblait s'attacher à ses opérations, même les mieux combinées; à peine, en effet, ses métiers commençaient-ils à travailler, que les droits sur le Tulle furent abaissés en Espagne. Cette mesure, tout en diminuant ses chances de succès, ne le découragea cependant pas. Les métiers qu'il construisit sont encore à Barcelone où ils travaillent sous la direction de son fils. Lui-même est revenu à Caen où sa fabrique continue à fonctionner.

Ainsi que le démontre le tableau que nous donnons à la fin de cette Notice, l'industrie tullière n'a fait que s'accroître en France depuis son importation ; pour en citer un exemple, nous prendrons l'année 1856, pendant laquelle les Tulles et les Dentelles mécaniques étaient le plus en vogue. La production de cette année fut le double de l'année 1835.

Déjà, en 1852, il existait en France un matériel de métiers à Tulle valant 10,000,000 francs, dont les 15/16 se trouvaient à St-Pierre-lès-Calais. Cette industrie occupait 6,000 ouvriers, et la production annuelle était de 11,000,000 francs. De plus 50,000 personnes étaient alors employées, sur différents points de la France, à la broderie sur Tulles unis, tant en coton qu'en soie.

Le prix du Tulle uni a subi un changement si extraordinaire depuis l'invention du premier métier bobin, par Heathcoat, que nous avons cru devoir recueillir, dans le tableau ci-contre, les différents changements qu'il a subis depuis son origine jusqu'à nos jours.

TABLEAU PROGRESSIF

DU PRIX D'UN YARD CARRÉ (0m830 CARRÉS) DE TULLE BOBIN
UNI EN COTON

1809	— 1813	— 1815 — 1818 — 1821	— 1824 — 1827
125 fr.	— 50, »	— 37,50 — 25, » — 15, »	— 10, » — 5, »
1830	— 1833	— 1836 — 1842 — 1850	— 1856 — 1861
2 fr. 50	— 1,65	— 1, » — 0,60 — 0,40	— 0,30 — 0,30

IX

TULLE DE SOIE.

Ce sont les blondes, originaires de Caen, qui donnèrent naissance, en France, au Tulle de soie. Cette création remonte à 1791, époque à laquelle MM. Jolivet et Cocher, de Lyon, prirent un brevet pour cette fabrication; plus tard, en 1802, (an XI), MM. Jourdan père et fils, de Lyon, en demandèrent un également pour le même article; enfin M. Bonnard, de Lyon, inventa un Tulle de soie à doubles nœuds et à mailles fixes ; mais, chacune de ces trois maisons fabriquait le Tulle de soie avec les perfectionnements respectifs qu'elle avait apportés au métier chaîne à pression simple et au métier *à cueillir*.

A Condrieu (Rhône), on exécutait, sur ces Tulles, des broderies qui les faisaient beaucoup rechercher, surtout en Espagne.

Les Tulles de soie étaient donc fabriqués, en France, sur les systèmes des métiers primitifs plus ou moins perfectionnés ; ce ne fut qu'en 1825, que M. Jean-Claude Dognin, élève de M. Bonnard, eut l'idée, en voyant la supériorité des Tulles anglais, le *Point Net*, etc., de faire du Tulle de soie sur les métiers bobins qu'il avait, le premier, apportés de Calais à Lyon, en 1823. Ces métiers étaient : un métier circulaire, un métier *Straight Bolt* et un métier Méchlin.

Pour assurer le succès de son entreprise, il se mit en rapport avec M. Poidebard, filateur de soie, alors à S*t*-Albano-lès-Lyon, qui, de concert avec M. Dognin, parvint à fabriquer une soie grenadine supérieure. Le Tulle produit avec cette matière prit le nom de *Tulle bobin grenadine* qu'il porte encore.

Ce qui distingue des autres soies la soie grenadine, c'est le grain de la torsion ; elle est composée de plusieurs brins de soie grège, selon la grosseur que l'on veut obtenir. Chaque moitié du nombre de brins est tordue ensemble, et porte jusqu'à 1800 tours au mètre ; puis les deux moitiés sont réunies et tordues dans le sens contraire, souvent à une torsion de 1700 tours au mètre. *Montée* ou *doublée* ainsi, la grenadine présente une grande élasticité et un beau grenu (*).

Cependant, plus la mode tendait à employer des tissus légers, plus on trouvait lourd le Tulle grenadine ; c'est alors que M. Dognin créa le *Tulle Illusion*, ainsi appelé à cause de sa légèreté.

Ce Tulle, comme le Tulle grenadine, est fabriqué sur les métiers à Tulle uni, avec peu de mouvements, c'est-à-dire avec peu de torsion des bobines autour des fils de chaîne.

La soie employée pour cette fabrication est la soie organsin ; soie torse, tressée au moulin. Elle est composée de deux ou trois brins de soie grège, qui ont d'abord été filés et tordus séparément,

(*) Il existe aussi la *grenadine* ou *rondelettine*, et la *demi-grenade*, que l'on emploie dans la fabrication de la passementerie.

et qui, mis une seconde fois au moulinage tous ensemble et tordus en sens inverse, ne composent qu'un seul fil. Les organsins du Piémont sont préférés pour la fabrication du Tulle.

En 1838, M. Camille Dognin fils, qui faisait déjà partie de la maison depuis 1834, marchant sur les traces de son père, se fit connaître par la création du *Tulle Bruxelles* qui a eu un succès immense en même temps que le Tulle Illusion.

Contrairement à ce qui se fait pour les autres Tulles, dans le Tulle Bruxelles les bobines ne voyagent que d'un fil de chaîne à un autre; tandis que dans le Tulle uni ordinaire, comme le lecteur se le rappellera, les bobines vont d'un bout du métier à l'autre, entourant successivement tous les fils de chaîne dans un sens oblique ; le système de la torsion du Tulle Bruxelles est connu sous le nom de *Hank Net* (Tulle chaînette ou point de chaînette).

Tous ces Tulles, de coton et de soie, s'emploient sous diverses formes ; tantôt légers et transparents, avec un apprêt impalpable pour les modes, les voilettes et la toilette des femmes ; tantôt avec un quadruple apprêt qui leur donne la consistance d'un carton ; ils servent alors aux modistes pour la forme des chapeaux.

Dès 1822, le Tulle avait tant de vogue, qu'on s'appliquait à en imiter le point sur des étoffes ; ainsi, un sieur Laclotte prit un brevet, le 8 novembre 1822, pour un procédé propre à donner aux étoffes de laine, de soie et autres, l'aspect du fond de la Dentelle.

Si nous passons de l'autre côté du détroit, nous voyons que MM. Dunnicliff et Joseph Crowder, qui avaient déjà apporté de grandes améliorations aux métiers à Tulle, ainsi que MM. Brown et Pindar, donnèrent vers 1808 l'exemple de la fabrication du Tulle de soie en Angleterre ; mais ils le produisirent sur les métiers *Point Net*, et lui assurèrent ainsi une plus grande solidité que n'en avait le Tulle français à cette époque. Malgré cela, ce dernier, à cause du brillant de ses couleurs, et surtout de la qualité de son apprêt, obtint une préférence marquée en Amérique et même en Angleterre, quoiqu'il fût soumis dans ce dernier pays à un droit de 40 p. 0/0 sur la valeur déclarée ; mais les expéditeurs français induisaient en erreur la douane anglaise, tant par de fausses déclarations que par la substitution de l'aune française au *yard* anglais, ce qui constituait une différence d'un tiers.

L'article français faisait tant de tort à son concurrent que, sur un mémoire présenté au gouvernement anglais par MM. Denman et J. Birch, les droits d'entrée furent élevés à 75 p. 0/0, taux auquel ils restèrent jusqu'en 1826, époque à laquelle le tarif Huskisson ayant été mis en vigueur, les Tulles français ne furent plus soumis qu'à un droit de 30 p. 0/0 *ad valorem*. Cette réduction du tarif douanier permit aux fabricants français de soutenir la concurrence en Angleterre avec le Tulle indigène.

Cette mesure, avantageuse pour la France, eut pour résultat de provoquer une grande misère parmi la classe ouvrière de Leicester et de Nottingham; plusieurs membres du Parlement durent se préoccuper de la situation. MM. Legh Keck et Birch, membres du Parlement pour Leicester et Nottingham, obtinrent une promesse d'enquête de M. Herries; mais un changement de Cabinet vint y mettre obstacle; cependant M. R. C. Ferguson, aussi membre du Parlement pour le comté de Nottingham, s'étant mis en rapport avec M. Gravenor Henson, parvint à mettre la question encore une fois à l'ordre du jour; mais il ne réussit pas d'abord : toutes ces démarches portèrent néanmoins leur fruit, car, quelque temps après, ordre fut donné aux dames de la Cour de ne porter que des Tulles de la manufacture anglaise.

Mais ce succès ne suffisait pas, il fallait porter un coup mortel à l'article rival;

c'est alors que M. Herbert-Taylor, aidé de plusieurs personnes éminentes, obtint de Sa Majesté la reine Adélaïde qu'elle porterait dans un bal donné par elle, le 24 mars 1831, en l'honneur de Victoria, sa nièce, reine actuelle d'Angleterre, une toilette en Tulle de soie anglais.

C'est depuis cette époque que l'Angleterre a reconquis sa suprématie dans cette industrie, non seulement par la supériorité enfin reconnue de sa fabrication, mais encore sous le rapport même du prix.

Il en résulta que, de 1833 à 1836, peu de Tulles français furent importés en Angleterre ; la demande en était si restreinte, que les droits de contrebande étaient réduits de 50 p 0/0 à 5 p. 0/0. Cependant les négociants de Nottingham demandèrent le Libre-Echange avec la France ; mais ce dernier pays s'y refusa alors, sous prétexte qu'une telle mesure aurait pour effet la ruine de son industrie tullière.

Le moment et l'homme qui devaient doter la France de ce bienfait n'étaient pas encore venus.

La différence du prix de revient, obtenue par l'industrie anglaise, est due principalement à la rapidité des métiers ; nous avons déjà eu l'occasion de signaler la supériorité du matériel des fabricants anglais, et c'est ici le lieu de faire remarquer avec quel soin elle se tient toujours à la hauteur de toutes les innovations utiles. Dès que leurs métiers sont inférieurs en vitesse à ceux de leurs concurrents, ils n'hésitent pas à les jeter à la ferraille et en à construire d'autres sur le meilleur et le plus nouveau système connu. Nous étions à Nottingham pendant les années 1833 et 1834 ; il est à notre connaissance qu'on y a brisé de 500 à 600 métiers, parce qu'ils étaient plus étroits que les nouveaux, et qu'ils produisaient moins ; on les vendait aux marchands ambulants au prix du vieux fer, et on en jetait même, par les fenêtres, des débris dans la rue.

De ce que nous avons dit de la fabrication du Tulle de soie en France, on pourrait supposer qu'elle était concentrée presqu'exclusivement à Lyon. Cependant, en 1835, MM. Jourdan et Cie, de Cambrai, firent monter, par M. Black fils, des métiers circulaires, et ils obtinrent, sous le rapport des couleurs et des apprêts, une supériorité marquée sur les Tulles de Lyon. Cette fabrique cessa d'exister en 1855. Lyon resta alors et est encore aujourd'hui le centre de cette industrie. Il existe dans cette ville environ 500 métiers à Tulle, tant à la chaîne (Mechlin) que circulaires et *Leaver* Jacquardés.

Malgré l'importance de l'industrie tullière à Lyon et à St-Pierre-lès-Calais, elle est loin d'être à la hauteur de celle de Nottingham. En France les métiers à Tulle sont disséminés, tandis qu'en Angleterre on rencontre un grand nombre d'entreprises considérables.

Une des plus grandes manufactures de la grande Bretagne est sans contredit celle que Heathcoat forma à Tiverton. Puisque son nom revient encore sous notre plume, nous ne laisserons pas échapper cette occasion de dire quelques mots de cet homme dont l'initiative a donné naissance au Tulle bobin, mais dont la tyrannie a atténué pendant quinze ans le développement de l'industrie qui fait l'objet de cet essai.

Fils d'un fermier de Longwhatton, dans le comté de Leicester, Heathcoat fut mis en apprentissage chez un mécanicien à Hathern, village voisin, et à la fin de son engagement il s'établit à Nottingham, comme monteur de métiers à bas et à Tulle. Il commença à cette époque les perfectionnements qu'il a apportés depuis dans les métiers à Tulle Mechlin, qui étaient alors dans leur enfance. Lorsqu'il prit, en 1809, de concert avec M. Ch. Lacey, son associé, son brevet de perfectionnement, il s'établit à Loughborough, dans le Leicestershire, et il donna le nom de la ville à son invention.

Une partie de leurs métiers furent détruits en 1816, pendant une nuit par les *Luddites*, dont la société, véritable association de Vandales, fut formée, le 11 mars 1811, par un ouvrier de métier à bas de Nottingham, du nom de Ludlam; cet ouvrier, originaire de Leicester, avait organisé cette émeute à l'occasion d'une baisse de prix qui eut lieu sur la façon des bas, lors d'une crise commerciale. Le chef des Luddites était connu sous les trois noms de *Little David*, *Ned Ludd* et de *General Ludd*.

Les Luddites, la figure couverte d'un voile noir, armés de sabres, de pistolets, etc., parcouraient les villes pendant la nuit, s'introduisaient dans les ateliers et brisaient les métiers à coups de marteau : on a compté jusqu'à 1,000 métiers à bas brisés de cette manière. Bientôt les tullistes se mêlèrent à eux et exercèrent sur les métiers à Tulle les mêmes actes clandestins. Malgré plusieurs condamnations, ce ne fut qu'en 1817, lorsque le travail redevint abondant, que cette société disparut. La ville remboursa alors aux propriétaires des métiers mis hors d'usage le montant des dégâts.

C'est à la suite d'une baisse de prix que les Luddites pénétrèrent chez Heathcoat et Boden, son nouvel associé, et brisèrent trente-sept métiers valant deux cent mille francs. Indignés de ce procédé, les propriétaires transportèrent leur fabrique dans le Devonshire, à Tiverton. Ce bourg avait dû autrefois, à l'industrie des laines, une grande prospérité, mais cette fabrication avait disparu depuis quelque temps, et le pays en avait beaucoup souffert : l'arrivée de Heathcoat vint lui rendre son ancienne importance qu'il a conservée depuis.

De 1834 à 1859, Heathcoat représenta le bourg de Tiverton à la Chambre des Communes, où il fut longtemps le collègue et l'ami de lord Palmerston. Cet homme qui, pendant quinze ans, a dirigé l'industrie des Tulles à son gré, vient de mourir à l'âge de 77 ans. Il laisse derrière lui une fabrique modèle, et tout un monde d'ouvriers qui l'aimaient comme un père. Son établissement continue de fabriquer les Tulles unis; mais l'établissement fondé en 1820, à St-Quentin, par Heathcoat et qui a constamment décliné depuis la mort de M. Hallam père, beau-frère de Heathcoat, se liquide en ce moment, de sorte que cette ville qui, de 1820 à 1840, était un des centres les plus importants de l'industrie tullière en France, est en voie de tomber au troisième rang; il n'y reste, en effet, que la fabrique de Tulles fantaisie de MM. Cliff, et quelques rares métiers.

St-Quentin n'est pas la seule ville en France qui se trouve dans ce cas, plusieurs autres telles que Douai, Cambrai, Rouen, Caen, etc., ont tour à tour été le siége de fabriques de Tulle; mais les unes n'en possèdent plus, et les autres n'en ont qu'un nombre très restreint comparé aux deux grandes fabriques: St-Pierre-lès-Calais et Lyon.

De même que les Tulles unis, les Tulles fantaisie sont fabriqués aussi dans les grands centres, ainsi que nous le verrons dans le chapitre suivant.

TULLES FANTAISIE

ET

DENTELLES MÉCANIQUES

X

ORIGINE DE LA DENTELLE AUX FUSEAUX (*).

L'histoire de la Dentelle a eu deux phases bien distinctes : celle de la Dentelle à l'aiguille et celle de la Dentelle aux fuseaux. La première remonte à une

---

(*) En faisant ici une courte esquisse de l'origine de la Dentelle aux fuseaux, notre but est simplement de donner au lecteur un aperçu général. L'histoire de la Dentelle a été fort savamment traitée par M. Félix Aubry dans le rapport que nous avons déjà cité, et dans lequel nous avons puisé beaucoup de renseignements utiles.

haute antiquité ; son origine fut sans doute contemporaine de la broderie et des points pratiqués à l'aiguille sur les tissus (1).

La création de la Dentelle aux fuseaux date du XIe siècle, mais cette fabrication ne prit de développement qu'à la fin du XIVe siècle et ne put être considérée comme industrie qu'après que Barbara Uttmann, née d'Etterling, lui donna un nouvel essor en 1551. On commença par faire au carreau, et avec des fuseaux, le fond ou le réseau de la Dentelle, pour imiter les jours pratiqués à l'aiguille dans les tissus et le point de filet qu'on exécutait dans les montagnes de la Saxe ; on y brodait (2) à l'aiguille et avec un gros fil des fleurs que l'on remplissait de *toilé*

(1) Voyez ci-dessus page 9.
(2) Terme qui, selon P. Papebrock et Jault, vient de border.

(entoilage) et de jours, puis on arriva à produire le toilé et les jours sur le carreau en même temps que le fond, et enfin on entoura les entoilages d'un gros fil, également avec les fuseaux ; on appliqua alors à ce tissu le nom de *Spise*, en Allemand, et de Dentelle en Français, (*) à cause du picot qui en borde les écailles du bas et qui présente un effet dentelé.

Aujourd'hui qu'un réseau de fer relie toute l'Europe, les créations nouvelles apparaissent presque partout en même temps; autrefois il n'en était pas de même. C'était une reine qui appelait en France l'art de la musique, c'était un roi artiste qui se glorifiait d'être l'ami des peintres et des sculpteurs étrangers, ou encore des ministres qui attiraient en France et

(*) On l'appelait également *passemen*, c'est de là que date l'industrie de la passementerie.

encourageaient les grands génies : ce fut ainsi que le comte de Marsan, le plus jeune des fils du comte d'Harcourt, amena vers la fin de XVIIe siècle, de Bruxelles à Paris, sa nourrice, nommée Dumont, avec ses quatre filles, et leur procura le droit exclusif d'y élever des ateliers de Dentelle, dans le faubourg St-Antoine.

Plusieurs écrivains ont prétendu que cette entreprise de Dentelle fut la première; mais le R. P. Daubenton, biographe de St-François Régis, prétend qu'il existait, bien avant cette époque, au Puy-en-Velay, une fabrique qui fut supprimée par Louis XIII, puis rétablie par le même monarque.

L'industrie de la Dentelle passa en Angleterre au XVe siècle; elle se fixa surtout dans les environs de Buckingham. L'année 1626, M. H. Borlave établit à

Great-Marlow une école où l'on enseignait l'art de faire la Dentelle.

Cette industrie se répandit aussi dans les Comtés de Nottingham, d'Oxford, de Northampton et de Devon, mais elle n'eut jamais et n'a pas encore aujourd'hui l'importance qu'elle eut de tous temps en France (*).

L'Angleterre ne peut revendiquer la création que d'une seule Dentelle, c'est celle du *Honiton Lace* (point de Honiton), espèce de guipure très fine que l'on imite très imparfaitement à Mirecourt.

Le *point* ou *application d'Angleterre* n'est autre que l'application de Bruxelles. Ce qui a donné lieu à cette erreur, c'est que les Anglais ont importé, dans les environs de Buckingham, les fleurs déta-

---

(*) En 1800, il existait 120,000 dentellières en Angleterre. La France en possédait 200,000.

chées faites au carreau, et les ont d'abord appliquées sur un réseau exécuté également aux fuseaux ; puis ils les vendaient comme de leur fabrication. On a fait, il est vrai, et on fait encore une petite quantité de ces fleurs en Angleterre, mais généralement on les achète à Bruxelles. Cependant, à cause de la finesse et du fini des applications d'Angleterre, on les préfère le plus souvent à celles de Bruxelles.

Aujourd'hui, dans les deux pays, on applique les fleurs au carreau sur du réseau de Tulle bobin (*).

Les applications de Bruxelles et d'Angleterre sont généralement blanches ; c'est seulement depuis 1850 que l'on en fabrique en noir dans les environs de Buckingham.

(1) Voyez page 70.

D'autres points furent ensuite créés, tels que la Valenciennes (*), la Dentelle de Lille, d'Arras, le point de France, dont la fabrique fut installée à l'hôtel Beaufort en 1665, et qui prit, en 1790, le nom de point d'Alençon. Nous voyons que Colbert fit à une dame Gilbert, par lettres patentes du 5 mai 1675, une avance de 150,000 fr. pour établir une fabrique de Dentelle à Alençon. Cette autorisation fut confirmée, en 1684, par d'autres lettres patentes qui prohibaient en même temps l'importation en France des Dentelles de Venise, de Gênes et de Flandre. Afin de protéger cette industrie naissante, le tarif de 1667 prélevait un droit d'en-

(*) Il en est des Dentelles de Valenciennes comme de celles de Chantilly; elles ne se fabriquent plus dans la localité dont elles portent le nom; ainsi cette industrie est transportée à Bailleul près Bruges, à Gand et à Courtray, surtout depuis quelques années.

trée de huit livres, par livre pesant, sur les Dentelles de soie et sur les guipures, et de cinquante livres, par livre pesant, sur celles de fil. La Dentelle d'Alençon est entièrement faite à l'aiguille sans le secours des fuseaux.

Au XVIIe siècle on vit paraître dans les environs de Paris, à Louvres et à Chantilly, la Dentelle de Chantilly si estimée de nos jours et qui est l'objet de tant d'imitations (*).

(*) La fabrication de ces Dentelles a presque disparu de la ville de Chantilly ; c'est à peine si on y trouve dix dentellières, et il n'en existe guère que 300 dans les environs. Les ouvrières du pays sont maintenant occupées à faire la passementerie et l'article bouton. L'industrie de ces Dentelles s'est reportée dans les environs de Caen et de Bayeux, où se font les plus belles Dentelles noires, grâce à MM. A. Lefebure et Ad. Pagny à qui on doit la perfection des Dentelles de Bayeux. Le Puy-en-Velay en fait aussi, mais moins fines ; on y fabrique des guipures

Quelque temps après on vit apparaître le point de Paris, le *Limerick* (espèce de guipure), puis les points de Venise, d'Aurillac, de Raguse, de Moresse, (1) du Hâvre, etc., et enfin le point dit *Point de Neige* (2).

Aujourd'hui l'industrie de la Dentelle aux fuseaux a pris un tel développement, que l'on compte en France 250,000 ouvrières dentellières et 600,000 dans toute l'Europe. La valeur de la production annuelle est 125,000,000 fr.

et surtout les petites Dentelles de laines dont on garnissait autrefois les confections, et qu'on envoie maintenant à l'étranger. On appelle aussi Chantilly les Dentelles noires de Grammont (Belgique), qui sont moins fines que celles de la Normandie

(1) Originaire des bords de l'Ibère.

(2) Dentelle de peu de valeur. On connaît le beau *Galand de Neige*, que Gros René rend à Marinette, dans Molière.

XI

TULLES FANTAISIE.

M. Jules Simon, dans un article sur *le Salaire des femmes*, publié dans le numéro de la *Revue des deux Mondes* du 1er novembre 1860, dit :

« La Dentelle est une des rares
« victoires du travail à la main sur le
« travail mécanique ; on a eu beau s'éver-
« tuer, la machine n'a pu encore produire
« que du Tulle. » Il est à regretter qu'un écrivain du mérite de M. J. Simon ait

été induit à ce point en erreur. Si, avant de traiter cette question de la Dentelle, il eût consulté les rapports des jurys aux Expositions de Londres, en 1851, et de Paris, en 1855, il aurait appris que le Tulle est le fond de la Dentelle ; que depuis 1780 la machine a vaincu cette prétendue difficulté d'y appliquer les dessins, et qu'il y a actuellement en Europe plus de 50,000 ouvriers employés dans cette industrie.

C'est à l'imitation des divers points de Dentelle que visaient les fabricants de Tulle ; mais la transition du Tulle uni à la Dentelle mécanique ne s'est pas effectuée en une seule fois ; cette victoire n'a été gagnée qu'après bien des essais et des mécomptes. Les premiers motifs produits sur le Tulle ont été obtenus en 1780 par Robert Frost ; en appliquant le *Tickler*, au métier à bas, il réussit également à faire du toilé au moyen d'un cylindre d'orgue, lequel toilé était entouré de broderie à la main. Plus tard, vers 1820, M. Syner, de Nottingham, exécuta sur le métier *Pusher* un point de Tulle appelé *Grecian* (grec) au moyen de pousseurs qu'il faisait mouvoir par des roues de moulin, taillées et disposées de manière que les chariots mus par les pousseurs passaient entre les fils de chaîne, tournaient autour et formaient la disposition ou le dessin.

Le même point fut exécuté en 1834 sur le métier circulaire par M. H. Black, de Lille.

La variété des dessins et des points était alors due à la taille des roues du moulin, et il fallait une connaissance parfaite de chaque système de métier pour créer des dispositions nouvelles ; aussi les hommes qui ont le mieux réussi se sont-ils occupés exclusivement d'un seul genre de métier.

Boot, Roberts, Herbert et Copestake ont été aussi des premiers à produire sur métier ces *fancy nets* (Tulles fantaisie). Déjà, de leur temps, beaucoup de systèmes avaient disparu ; les métiers bobins avaient remplacé presqu'entièrement les anciens métiers à boucles, et lorsqu'on ajouta le mouvement rotatif au *Circular bolt*, ce métier fabriqua le Tulle uni d'une manière tellement supérieure et à si bas prix, comparé aux autres Tulles, qu'il resta à peu près seul maître de ce genre d'industrie. Le *Leaver* et le *Pusher* furent alors employés (vers 1831) à faire, au moyen d'extra-barres de guides et de pousse-

indépendants les uns des autres, des Tulles fantaisie en coton, des imitations blondes et des petites bandes avec motifs (*tattings*).

M. Syner avait posé le premier jalon de la fabrication sur métier bobin de ces Tulles fantaisie et de ces Dentelles qui forment dans les deux pays une branche si importante d'industrie ; une nouvelle voie était ouverte ; chaque jour amenait une découverte. Vers 1832, M. William Sneath, de Hyson-Green, et M. Litchfied, de Nottingham, exécutèrent le *Spot* (point d'esprit), sur le *Circular bolt*, le premier vendit son procédé à M. James Fisher, de Nottingham; M. Freeman, de Tewkesbury, exécuta ensuite le même Spot sur le *Traverse Warp*; et enfin, vers 1833, MM. William Crofts et Richard Birkin, de Nottingham, le produisirent également sur le *Leaver*. Ce point d'esprit fut importé à Calais en 1834, par

MM. Champailler et Pearson qui prirent un brevet le 17 octobre de la même année. M. Champailler introduisit aussi à Calais les imitations des blondes de soie. En même temps, M. H. Black, alors établi à Lille, exécutait le point d'esprit sur le métier circulaire, il fut breveté en 1835. On produisit également sur le *Warp* le *bullet hole* (trou ou jour) qu'on entourait d'un fil à l'aiguille.

Un nouveau point de Tulle parut aussi à cette époque, ce fut le *Mock Twist* (imitation du Tulle tressé) et donna naissance aux *Tattings* qui eurent tant de vogue, depuis 1830 jusqu'en 1836.

XII

DENTELLES MÉCANIQUES

M. S. Ferguson aîné est celui qui a le plus contribué au perfectionnement du système circulaire ; ainsi, vers 1828, il créa sur ce métier le *bullet hole*, puis le *square net* (Tulle carré), et le *Wireground* (point de Champ ou de Paris) ; vers 183., un de ses ouvriers apporta à Calais le procédé du *bullet hole*. Après bien d'autres créations, M. S. Ferguson inventa un système avec le secours du carton Jacquard pour faire une imitation de la Dentelle noire de Chantilly. Cette Dentelle, par sa parfaite ressemblance avec l'originale, ne fut pas considérée comme une imitation, elle fut connue dès son origine sous le nom de Dentelle de Cambrai (*).

L'application de ce système de cartons existait déjà depuis longtemps sur le métier Méchlin. La première que l'on connaisse est celle qu'imaginèrent, en 1824, MM. Colas et Delompré, de Lyon, *pour exécuter des dessins sur le Tulle chaîne;* en 1826, parut le brevet de MM. Grégoire aîné et Hombard, de Nîmes, « *application du Jacquard pour Tulles et blondes brodés.* » Mais, comme on le sait, la Dentelle produite par ce genre de métier, et portant les noms de *Mechlin* et *article*

(*) Voyez l'Album de l'Exposition universelle de Paris, 1855, tome 3, page 260

de *Lyon*, n'est qu'un composé de boucles, il ne présente qu'un aspect noir et ne peut être comparé en aucune façon à la Dentelle de Cambrai, et encore moins à la Dentelle aux fuseaux. Le toilé en est plat, mais il est à bas prix, ce qui explique son emploi. L'achat des métiers ne nécessite pas de grands capitaux ; leur prix est de 150 à 300 fr., tandis que celui des autres systèmes varie de 5,000 à 30,000 fr.

En 1834, M. Samuel Draper avait aussi essayé de produire de la Dentelle sur un système *Circular bolt*; mais il remplaçait la chaîne par des chariots et des bobines; son but était d'agir sur les fils au moyen d'un cylindre d'orgue, procédé créé par Robert Frost, en 1780 (*); il n'y réussit pas, et, en 1835, il y appliqua le

(*) Voyez ci-dessus, page 134.

carton Jacquard, sans plus de succès : cependant il prit un brevet en France, le 28 décembre 1836, avec son associé, M. J.. Hind, et sous le nom seul de ce dernier.

Plus tard, en 1837, M. Draper prit un autre brevet en Angleterre pour l'application du Jacquard au métier *Warp*. Ce métier fut acheté et apporté à Calais par M. Champailler qui l'employa à faire une espèce d'imitation blanche appelée Dentelle d'Allemagne ; mais il n'a jamais produit de marchandise qui pût rivaliser avec les autres articles du même genre.

Ce fut en février 1838, lors de la crise commerciale d'Amérique, que M. S. Ferguson vint en France pour être plus certain de jouir de son invention ; car, à Nottingham, il avait acquis la triste expérience qu'on ne pouvait conserver pour soi le résultat de ses travaux ; il se fixa à Cambrai et s'associa avec MM. Jourdan et Cie qui, ainsi que nous l'avons dit plus haut, avaient déjà une fabrique de Tulle de soie. Son invention fut complétée cette même année 1838, et un brevet fut pris, le 20 juillet, au nom de MM. Jourdan et Cie.

On commença par faire des imitations de Dentelle blanche en coton, puis on arriva à la Dentelle noire qu'on appelle encore Dentelle de Cambrai, (*) et enfin M. S. Ferguson créa, en 1852, la Dentelle de Lama qui diffère de la Dentelle de Cambrai en ce que la matière dont la

---

(*) Aujourd'hui on désigne sous le nom de Dentelle de Cambrai toutes les imitations de Dentelles noires fabriquées en France et en Angleterre et sur tous les systèmes de métier ; la plupart laissent à désirer, et de là vient l'objection que beaucoup de consommateurs font à la vraie Dentelle de Cambrai.

trame est faite est une espèce de poil appelé *Mohair*, au lieu d'être en soie.

Cette Dentelle Lama, comme son aînée, a trouvé beaucoup d'imitateurs. Lyon surtout en fabrique depuis deux ans ; mais ces imitations sont à l'article mère ce que la Dentelle de Cambrai est à celle de Chantilly.

Le système Ferguson est le plus simple qui existe dans son genre ; il a conservé le *Circular bolt* dans toute sa pureté. Il agit sur la trame (bobines) par le carton Jacquard et n'emploie que deux extra-barres de guides.

Lors de la dissolution de la société entre MM. Jourdan et S. Ferguson, ce dernier transporta sa fabrique à Amiens où elle existe actuellement.

Le métier *Leaver* avait accaparé la fabrication des Tulles fantaisie, à cause de sa facilité à passer le gros fil autour des dessins ; car dans les Tulles fantaisie et imitations de Dentelles produites par tous les autres systèmes de métier, le gros fil est passé à l'aiguille, le métier n'exécutant que le réseau, le toilé et les jours ; de sorte que le *Circular bolt* ordinaire était réduit à ne faire que le Tulle uni, et le *Pusher* était devenu presque sans valeur ; c'est alors (1838) que le bruit du succès obtenu par M. Ferguson se répandit et mit en émoi tous les propriétaires de métiers. Ce nouveau progrès dans l'industrie tullière eut un tel effet que beaucoup de métiers considérés jusque-là comme inutiles acquirent une valeur réelle. M. Birkin (*) nous apprend

---

(*) Rapport de M. R. Birkin père à l'Exposition de Londres, 1851 ; nous y avons déjà emprunté un grand nombre de renseignements.

que les propriétaires de ces métiers, après avoir dépensé 2 ou 3,000 fr. en réparations et en additions, regagnèrent leurs déboursés en deux ou trois semaines. Quelques-uns allèrent à Paris consulter le brevet Jourdan et Cie, et s'en inspirèrent pour fabriquer, sur les autres systèmes, des imitations de la Dentelle de Cambrai.

Après l'invention Ferguson parurent d'autres systèmes *Circular bolt*, tels que celui de M. Crofts, en 1839, et de M. Hooton Deverill, en 1841. Le Tulle de ce dernier est fait comme celui du *Leaver;* ainsi le métier ne possède qu'une seule rangée de chariots, et le Jacquard, au lieu d'agir sur la trame, comme dans le système Ferguson, forme le tissu avec la chaîne à l'aide d'extra-barres de guides dont le nombre s'élève souvent jusqu'à 400.

M. Hooton Deverill vendit son invention

à MM. Biddle et Birkin, de Nottingham.

L'introduction des extra-barres de guides est due à un nommé Bagally dont la première production fut le *Honey-Comb* (rayon de miel), point imitant le réseau de la Valenciennes; puis il appliqua sur ce fond les fleurs pour imiter entièrement la Valenciennes; on appela son produit du nom de *plat net*, il l'obtint en agissant sur deux chaînes, soit quatre fils, au lieu de deux, et en faisant passer les bobines autour des fils de chaîne deux fois au lieu d'une seule. Ce brevet fut vendu à M. Fisher pour L. 100 (2,500 fr.), avec la réserve d'une seule licence pour l'inventeur.

M. Bagally parvint plus tard à faire une bonne imitation du point d'Angleterre, pour laquelle il obtint une médaille à l'Exposition Universelle de Londres, en 1851.

M. H. Black, de Lille, prit un brevet en 1841, pour faire aussi une imitation de la Valenciennes.

En 1842, M. Augustin Isaac, de Calais, associé de M. Camille Dognin, appliqua aux systèmes *Pusher*, Circulaire, *Leaver* et *Straight boll*, le *Brodeur Isaac*, comme le constate le brevet pris cette même année, au nom de MM. Camille Dognin et Augustin Isaac. Le produit de cette application, appelé Dentelle de France, ressemblait à la Dentelle mate d'Espagne ; mais comme la Dentelle de Cambrai avait déjà beaucoup de succès, l'inventeur chercha et découvrit, deux ans après, le moyen d'exécuter, sur le métier circulaire aussi, une imitation de la Dentelle de Chantilly. D'abord le toilé de cette imitation n'était pas net, il ressemblait au Tulle brodé, dont le toilé et la broderie sont exécutés à l'aiguille sur du Tulle uni; mais M. Isaac parvint, quelques années plus tard, à l'améliorer.

En 1848, cette maison fabriqua, simultanément avec MM. Jourdan et Cie, une imitation de la Dentelle de laine du Puy; enfin, en 1856, elle commença à faire la Dentelle de Lama, créée, en 1852, par M. S. Ferguson. Cette maison existe actuellement à Paris sous le nom de Dognin et Cie. Ses métiers fonctionnent à St-Pierre-lès-Calais et à Lyon.

La Dentelle *Pusher*, connue en Angleterre sous le nom de *Victoria point*, fut créée, en 1839, par M. Wright, de Radford près Nottingham, en appliquant le carton Jacquard au métier *Pusher* de MM.

Samuel Clark et James Mart(*); l'article fut ensuite et est encore fabriqué par MM. Vickers et Reckless, de Nottingham: ce système fut ensuite importé à St-Pierre-lès-Calais, en 1849, par M. James, et enfin à Puteaux, par M. Keenan père. Cette Dentelle est aussi une imitation de la Dentelle de Chantilly ; on lui reproche ses entoilages qui ne se détachent pas assez d'un fond trop épais : il en résulte un effet plat qui fait reconnaître le travail mécanique. Ce métier *Pusher* ne fabrique plus que ce genre d'article ; aussi le *Leaver* est-il, avec le nouveau métier bâtard cité plus haut, employé presqu'exclusivement à fabriquer les imitations des blondes, des Valenciennes et des guipures. — Ce fut M. Malaper, de Paris, qui le premier vendit en France l'article *Pusher*, vers 1851,

(*) Voyez page 58.

sous le nom de Dentelle de Paris, et enfin, depuis six ans, sous celui de Dentelle de Créteil, nom qu'il adopta après avoir fait monter dans cette localité deux métiers *Pusher* pour son propre compte.

M. Galoppe, son employé, sorti de sa maison, il y a environ quatre ans, acheta à Calais le même article *Pusher*, et enfin M. Champailler lui céda des métiers il y a dix-huit mois. Cette imitation est faite avec une soie très fine ; on l'appelle Dentelle de France : c'est sous ce nom que M. C. Dognin avait déjà exposé à Paris, en 1844, ses produits qui lui ont valu une médaille d'argent (*).

M. H. Black, de Lille, créa, en 1847, un métier mi-circulaire, mi-*pusher*, sur lequel il exécuta une imitation de la

(1) Voyez page 148.

Dentelle de Chantilly. La maille de cette imitation est bonne; mais le toilé trahit aussi le travail mécanique; elle a toujours été vendue par M. Monard, de Paris, dont elle porte encore le nom.

Dès 1845, MM. Dunnicliff et Dexter produisirent sur le Tulle, avec le système du métier *Warp*, des effets velours; mais cet article eut peu de succès jusqu'en 1849, époque à laquelle MM. Ball et Dunnicliff, ainsi que MM. Haines et Hancock, parvinrent à exécuter le velours uni en pièce pour l'article gant; ce produit, connu sous le nom de *Simla*, est mi-tricot, mi-Tulle; il ressemble à la fois au velours épinglé et à la peluche. Les mêmes personnes arrivèrent plus tard, en 1850, à le perfectionner au point de produire des dessins en velours.

Nous avons vu à l'Exposition de Paris, en 1855, des fleurs détachées produites au métier, imitant les fleurs faites au carreau à Bruxelles et en Angleterre, et servant pour les applications. Cette belle création est due à M. J. D. Dunnicliff.

Nous devons aussi rendre hommage à l'invention de M. William Livesay, de Lenton-lès-Nottingham, qui parut, en 1846, et qui consistait à produire des dessins sur un réseau appelé *Straight downloop* (boucle verticale). Cette maille est faite sur deux fils de chaîne; au lieu de les entourer tous alternativement, comme dans le Tulle bobin, la bobine n'agit que sur deux, tour à tour, ce qui fait que les mailles réunies avec une même bobine se trouvent sur une ligne verticale ; de là son nom.

Quoique M. Livesay n'ait pas obtenu un succès immédiat, il parvint cependant à son but avec le concours de MM. Elsay, Sisling et Cope. Leur perfectionnement consiste à agir au moyen du Jacquard sur une deuxième chaîne servant de trame, qui se trouve derrière le métier et est roulée sur de grosses bobines comme les chaînes composées du métier *Traverse Warp* (*). Les bobines servent à réunir les rangées de mailles.

C'est sur ces métiers circulaires que l'on fabrique un article pour rideaux, genre guipure ; mais ce tissu n'est pas solide à cause de la formation de la maille qui est composée de boucles et qui, par conséquent, se défile et ne peut supporter plusieurs blanchissages.

Il fut fabriqué aussi à Lille, en 1851,

(*) Voyez page 51.

par M. Bonsor Morris, sur un métier *Leaver* où le carton Jacquard agissait sur la chaîne ordinaire. M. James Keenan apporta de Nottingham à Puteaux, vers 1850, deux métiers circulaires montés d'après le principe qui donna naissance à l'article rideau, c'est-à-dire sur le système Livesay et Cie. Ce métier fut introduit en France sans payer de droits, parce qu'il était le premier du genre importé dans ce pays. MM. Oldknow et Maillot, de Lille, en importèrent également; enfin MM. Triboulet et Cie, de Calais, société connue sous le nom de *The Ten* (les Dix), parce qu'elle était composée de dix membres, fabriquèrent aussi l'article rideau, qui est maintenant répandu partout, et qui occupait déjà, en 1851, cent métiers dans les environs de Nottingham seulement.

Pour clore la nomenclature des inventions les plus importantes qui ont eu lieu dans cette industrie, nous citerons une singulière coïncidence qui arriva en 1856.

MM. R. et T. Birkin, de Nottingham, avaient pris en Angleterre un brevet pour exécuter, sur le métier *Leaver*, des bandes brodées sur la largeur du métier. Cette invention avait tant d'importance, qu'ils voulurent prendre un brevet en France ; mais, en arrivant à Paris, ils apprirent, à leur grand étonnement, que MM. Topham s'étaient assuré, le 23 septembre 1856, un brevet pour le même procédé.

Nous avons fait remarquer (*) que le progrès de l'industrie tullière à Lyon était dû en partie à des habitants de cette ville et non à des étrangers. A

(*) Voyez page 88.

propos de la Dentelle mécanique, nous ajouterons aussi qu'un lyonnais, du nom de Laserve, a résolu le problème que l'on poursuivait depuis que Heathcoat a créé le Tulle bobin, et que l'on entrevoyait depuis l'invention de M. S. Ferguson (*).

M. Laserve, de Lyon, prit, le 26 juin 1845, un brevet pour un métier dont le mécanisme participe de tous les systèmes de métiers à Tulle. Ce métier ne possède pas de chaîne, le tissu se formant par les bobines qui sont sur une seule rangée.

L'inventeur transporta son métier, en 1853, à Paris où il mourut sans pouvoir exploiter sa découverte. Ses deux fils lui ont

---

(*) Voyez le Rapport du Jury mixte international sur l'Exposition Universelle de 1855, publié sous la direction de S. A. I. le Prince Napoléon, président de la Commission impériale. XXIII classe, page 1110.

succédé et fabriquent en ce moment des Dentelles qu'ils vendent comme étant faites au carreau et au même prix. Nous en avons vu et, nous devons le reconnaître, c'est à l'aide seulement de la loupe que nous sommes parvenu à découvrir qu'elles étaient le produit du métier.

Ainsi se trouvent réalisées les prévisions de M. Aubry, lorsqu'il disait en 1851 : « Qui sait si le métier à Tulle ne sera pas « un jour, en quelque sorte, un vrai « coussin de dentellière, et les bobines « de véritables fuseaux manœuvrés par « des mains mécaniques. »

Pour terminer notre étude sur les Tulles et les Dentelles mécaniques, nous avons réuni dans un tableau statistique tous les renseignements que nous avons pu trouver sur l'existence des métiers à Tulle en Europe :

ÉTAT APPROXIMATIF DES MÉTIERS A TULLE EN EUROPE.

ANNÉES.	ANGLETERRE (*)		FRANCE		BELGIQUE.	SUISSE.	SAXE.	AUTRICHE.	PRUSSE et RUSSIE	ESPAGNE et autres pays.
	Métiers.	Production annuelle.	Métiers.	Production annuelle.	Métiers.	Métiers.	Métiers.	Métiers.	Métiers.	Métiers.
1802	1,200		2,000							
1815	1,400									
1820	1,008		2,500							
1826	2,469									
1831	4,500	85,400,000	1,000	10,000,000						
1833	5,000	65,500,000	1,200	11,000,000						
1835	5,000	50,000,000	1,585	10,000,000	35	50	70	60	20	30
1836	3,712	55,000,000	1,600	10,000,000						
1844	3,200	75,000,000	1,800	10,000,000						
1851	4,600	75,000,000	1,200	11,000,000						
1856	5,658	100,000,000	1,400	20,000,000	34	80	70	100	30	80

* L'Angleterre exporte annuellement pour L. 1,150,000 (28,750,000 fr.) de Tulles unis, fantaisie et Dentelles mécaniques.

Comparés entre eux, les chiffres de ce tableau, représentant la production de plusieurs années, ne paraissent pas d'abord en rapport avec le nombre des métiers ; cette différence tient à plusieurs causes. D'abord, dans les premières années, tous les métiers étaient étroits, simples, et fonctionnaient lentement : plus tard, et à mesure qu'on avançait, on parvint à doubler leur largeur et même à leur donner plus de vîtesse, surtout depuis que la vapeur est venue au secours de l'homme pour les faire mouvoir.

La fabrication d'une quantité plus ou moins grande de Tulles de soie, pendant certaines années, a aussi été une des causes du surcroît de la production pendant ces mêmes années ; enfin l'apparition des Tulles fantaisie et des imitations de toutes les espèces de Dentelles a également contribué à augmenter le chiffre de la fabrication, quoique le nombre de métiers ait été quelquefois moindre, et que le prix des Tulles ait baissé: à l'appui de cette assertion nous pouvons citer l'année 1844, pendant laquelle, avec 512 métiers en moins qu'en 1836, on a fabriqué en Angleterre pour une somme de 20,000,000 fr. en plus (*). L'année 1856 en est aussi une preuve, car avec seulement 658 métiers en plus qu'en 1835 la fabrication a été doublée: une des raisons a été le grand écoulement des Tulles de toute espèce en Amérique, et l'emploi, de plus en plus répandu dans le monde entier, de toutes les imitations

(*) St-Pierre-lès-Calais possédait 801 métiers en 1834. En 1839 il n'en comptait que 705, et en 1851 le nombre était réduit à 693, cependant la production n'avait fait qu'augmenter.

au métier des Dentelles blanches et noires. En 1851 quoique le nombre de métiers fût plus grand qu'en 1844 la production fut la même ; mais nous devons tenir compte de ce qu'en 1851 on venait de traverser une crise commerciale, et que les magasins regorgeaient de marchandise.

XIII

CONSIDÉRATIONS GÉNÉRALES

Pour nous résumer, nous dirons que, quoiqu'il existe des métiers à Tulle à Tiverton, dans l'île de Wight, et dans le Leicestershire (1), l'industrie tullière est concentrée là où elle prit naissance. Nottingham (2) et les environs ont tou-

(1) Le nombre d'ouvriers occupés dans l'industrie des Tulles varie en Angleterre de 100,000 à 150,000.
(2) Nottingham ne comptait, en 1810, que 46,000 âmes ; en 1861, il n'y a pas moins de 100,000 habitants.

jours produit la plus grande partie des Tulles unis et fantaisie qui se consomment en Angleterre : la France y importe peu, à cause du prix élevé de ses produits, qui sont généralement d'une qualité et d'un style supérieurs aux Tulles anglais.

De l'autre côté du détroit, le Tulle et la Dentelle sont portés par toutes les classes de la société ; mais on s'y préoccupe médiocrement de la qualité de la marchandise et du bon goût des dessins : Ce qu'on cherche, avant tout, c'est le bon marché ; les preuves en abondent, et le commerce anglais lui-même ne fait nulle difficulté de l'avouer.

Maintenant que le commerce français a acquis la certitude que la plupart des articles anglais ne seront pas substitués aux produits indigènes, il craint que les Anglais ne s'appliquent à imiter les produits français; il est vrai que déjà on s'en occupe; mais nous doutons qu'ils continuent de fabriquer, si même ils commencent jamais; d'abord, parce qu'ils ne conserveraient pas leur originalité de fabrication, ensuite, parce qu'ils reconnaîtraient que la consommation de la France n'est pas assez importante pour qu'il y ait chance de succès à monter des articles exprès pour ce pays, et qu'ils ne pourraient les expédier à l'étranger, où la devise de leur commerce extérieur : — quantité et bon marché, — ne pourrait guère s'appliquer à un article supérieur.

C'est dans la voie fatale du bon marché, si funeste au goût et au progrès de l'industrie, que se sont surtout lancés les fabricants anglais : les qualités supérieures ont été abandonnées; les matières inférieures sont préférées; les procédés et les dessins ne sont pas efficacement garantis contre la contrefaçon la plus effrontée ; et ce n'est pas seulement pour des soldes, ou pour des marchandises avariées, que la concurrence adopte des prix qui rendent impossible la vente des fabricants rivaux ; nous pourrions citer telle maison qui, au commencement de cette année (en mars 1861), vendait ses produits avec 70 p. 0/0 de rabais sur ses prix de vente ordinaire.

De telles manières de procéder ruinent les fabricants et le commerce lui-même. Comment, en effet, faire accepter à l'acheteur les prix réels des marchandises, quand ils ont été compromis par une telle manière de procéder ? Aussi, aujourd'hui, la première question que fasse l'acheteur au fabricant est-elle de lui demander s'il a des *jobs* (soldes). Qu'il y a loin de cette situation nouvelle faite au commerce à celle qu'il avait en 1819, alors que les fabricants, d'un commun accord, ne faisaient de vente que sous le contrôle de délégués chargés de maintenir les prix !

Une autre plaie à signaler dans l'industrie du Tulle à Nottingham, et qui ruine bon nombre de maisons, c'est la quantité prodigieuse de marchandises que l'on y fabrique dès qu'une demande se fait sentir ; il résulte, de ce faux calcul, des mécomptes continuels, et, après de courtes périodes de travail forcé, de longs chômages.

Ainsi que nous l'avons déjà dit, en 1823 et en 1824, *The Bobbin net fever* (la fièvre du Tulle Bobin) était si grande, que médecins, avocats, ministres de la Religion et artisans de toute espèce engagèrent leurs fonds dans les métiers à Tulle ; mais quelque grande que fût la vente, la production fut bientôt plus grande, et l'année 1826 vit une déroute complète parmi les fabricants de Tulle. M. Felkin, nous apprend que, pendant cet âge d'or, les ouvriers gagnaient jusqu'à L. 10 (250 fr.) par semaine; quelques-uns se rendaient à l'atelier à cheval et buvaient facilement, chaque jour, pendant leurs heures de repos, un litre de vin de Porto ou de Xérès, qui valait alors, en moyenne, dix fr.

Depuis cette époque, il en a été souvent de même; mais, plus souvent encore, on y a vu des chômages comme celui dont souffre aujourd'hui l'industrie de ce pays. Il en sera toujours ainsi, tant que les fabricants ne respecteront pas la propriété des dessins ou des procédés industriels, tant qu'ils aviliront les prix de vente, tant qu'ils ne produiront que de mauvais articles et qu'ils fabriqueront outre mesure.

Plusieurs essais ont été tentés pour contrôler le travail des métiers ; ainsi, notamment en 1828, quelques propriétaires de métiers à Tulle de Nottingham formèrent une société qui avait pour but de limiter les heures de travail et d'empêcher, en usant de toute leur influence, la construction d'autres métiers. Un grand nombre de fabricants refusèrent d'adhérer à ce projet, et il fut abandonné ; alors on vit dix-huit cent huit ouvriers signer une pétition aux fabricants pour les engager à mettre en exécution leur projet avorté. Une nouvelle réunion, présidée par M. Felkin, eut lieu et fut couronnée de succès.

Les propriétaires, pendant l'année qui

suivit, augmentèrent leurs bénéfices de L. 240,000 (6,000,000 fr.); mais comme ils employèrent une grande partie de ces bénéfices à construire d'autres métiers, le but primitif, loin d'être atteint, se vit compromis par le succès même de la mesure adoptée.

En ce moment, ces fabricants de Tulle ont déjà commencé à inonder la France de leurs produits. Qu'ils y prennent garde; leur habitude de faire des soldes et le goût des marchandises anglaises ne conviendront ni à l'acheteur, ni au consommateur français : nous sommes d'accord en cela avec M. R. Birkin père. Mais nous ne le sommes plus, lorsqu'il dit que les dessinateurs anglais produisent d'aussi bons dessins que les artistes français. C'est surtout, en effet, par le bon goût de ses dispositions que la France s'est acquis une si incontestable supériorité dans toutes les industries de luxe, sur tous les marchés de l'Europe. A l'appui de ce que nous avançons, nous pourrions citer des maisons anglaises qui, n'ayant pas de dessinateur français, achètent leurs dessins à Paris et à Calais.

Un autre fait bien avéré, c'est que les artistes français, qui séjournent plusieurs années en Angleterre, s'identifient avec le goût anglais, et perdent leur premier mérite dès qu'ils cessent de se retremper au foyer du goût.

Une histoire de la Dentelle, publiée à Paris, en 1843, exprimait alors la crainte que, si l'on arrivait à fabriquer la Dentelle à la mécanique, ce ne fût au détriment de la Dentelle à la main. L'influence que devait exercer, en effet, l'imitation de la Dentelle sur la production de la Dentelle aux fuseaux ne saurait être méconnue; mais l'effet produit par la fabrication mécanique de ce brillant tissu a été précisément le contraire de celui qu'on attendait: c'est ce que nous affirme, du reste, M. Felkin dont nous partageons l'opinion en ce qui concerne la France (*). Dans un rapport lu, en 1856, par cet historien, à la Société d'encouragement de Nottingham, il constate ce fait, que jamais il n'a été porté plus de Dentelle aux fuseaux en Angleterre, que depuis l'invention du métier à Dentelle.

(*) C'est aux soins et aux recherches incessants de M. Felkin que nous devons beaucoup de notes et de chiffres statistiques sur l'industrie du Tulle. Citer son nom chaque fois que nous lui empruntons des renseignements ce serait le faire à chaque page. Nous nous bornons à constater son zèle et la valeur de ses travaux, pour lesquels il a si souvent reçu des félicitations de la part de ses concitoyens.

Déjà, à l'Exposition de Paris, en 1844, le jury avait posé la question de savoir si les imitations de Dentelles étaient un bien ou un mal pour l'industrie originale: la réponse se trouve dans le rapport publié à cette occasion.

« Tout en s'applaudissant, y est-il dit,
« du mouvement qui règne dans cette
« industrie d'importation récente, le jury
« a vu avec satisfaction la reprise de
« certains articles de fabrication émi-
« nemment français, tels que le point
« d'Alençon, les Valenciennes, les Dentel-
« les de Bayeux, dont plusieurs exposants
« ont envoyé de magnifiques échantillons.
« Peut-être même faut-il attribuer cette
« recrudescence à l'invasion des Tulles,
« car nous ne croyons pas que le Strass
« ait nulle part remplacé le diamant, ni
« altéré sa valeur. »

L'opinion exprimée par le jury chargé de faire le rapport sur l'Exposition de 1855, confirme cette appréciation d'une manière non moins formelle, et le fait qu'il constate est facile à expliquer. Le voici :

Lorsqu'en 1842, par l'invention de M. S. Ferguson, les imitations de Dentelles commencèrent à être répandues, on pouvait s'en procurer à un quart du prix auquel se vendait la Dentelle aux fuseaux; aussi les modistes, les couturières et les confectionneuses ne craignaient-elles plus de mettre la Dentelle à la mode ; toutes les classes de la société en portèrent, et la classe riche elle-même, au lieu de l'abandonner, comme elle le fait pour les autres articles lorsque l'usage s'en répand outre mesure, en a, au contraire, encouragé la mode, mais en employant la Dentelle aux fuseaux. La consommation de cette dernière s'en est augmentée d'autant, au lieu d'être amoindrie, comme on le craignait.

La Dentelle mécanique, loin de nuire à celle qui se fait à la main, n'a donc fait que lui donner de l'extension; elle a également contribué à perfectionner la Dentelle au carreau, en forçant, par la concurrence, les fabricants à soigner leur fabrication, et comme le dit le rapport déjà cité : «*elle* « *a mis le luxe de la Dentelle à la portée* « *de tout le monde.* »

PIÈCES

JUSTIFICATIVES

PIÈCES JUSTIFICATIVES.

EXTRAIT DE L'OUVRAGE INTITULÉ :

Recherches sur le commerce, la fabrication
et l'usage des étoffes de soie, d'or et
d'argent, et autres tissus précieux
en Occident et principalement
en France pendant le
moyen âge (*).

« Avant d'épuiser la liste des étoffes dont le nom se trouve dans les documents anciens que nous avons examinés, nous dirons un mot d'un tissu qui s'est déjà

(*) Par Francisque Michel. Vol. II, p. 248-249. Voyez ci-dessus page 8.

présenté sur notre chemin. C'est celui qu'un inventaire anglais, de l'an 1315, appelle *Tuly*, et nous montre associé au drap de Tharse dans une chasuble. Le même mot se représente dans un poëme de la même époque, où l'on voit des tapis de l'étoffe en question, appelée indistinctement *Tule* et *Tuly* par le vieux rimeur anglais. Comme ailleurs il parle d'un dais *of tryed Tolouse*, le savant auquel on doit la publication des anciens poëmes relatifs au chevalier Gauvain, conjecture que *Tuly* pourrait bien être l'équivalent du nom de la capitale du Languedoc, qui aurait été ainsi renommée pour ses tapisseries. Nous ignorons jusqu'à quel point cette conjecture est fondée; tout ce que nous pouvons dire, c'est que, selon toute probabilité, l'étoffe de *Tuly* était de coton, conséquemment d'un rang bien inférieur à celles qui ont déjà défilé sous nos yeux. Nous ne croyons pas, en effet, pouvoir traduire autrement que par toile peinte le mot *Sindon* après lequel, dans un document dont nous avons déjà fait usage, vient le nom de *Tuly*, comme si c'était le nom d'une localité. »

DÉCRET IMPÉRIAL

Qui prohibe l'introduction en France du tissu connu sous la dénomination de Tulle anglais (*).

«Au Palais des Tuileries, le 10 mars 1809.

Napoléon, Empereur des Français, roi d'Italie et protecteur de la Confédération du Rhin;

(*) Lisez ci-dessus, page 30, année 1809 au lieu de 1802.

Sur le rapport de notre Ministre de l'Intérieur, nous avons décrété et décrétons ce qui suit :

Art. 1ᵉʳ. Le tissu connu dans le commerce sous la dénomination de Tulle anglais, de gaz ou de tricot de Berlin, est déclaré faire partie des marchandises dont la loi du 10 brumaire de l'an V prononce la prohibition ; en conséquence, ce tissu ne pourra plus entrer sur le territoire de l'Empire.

Art. 2. Notre Ministre des Finances est chargé de l'exécution du présent décret.

Nº 3321. — ORDONNANCE DU ROI

Relative au tarif des douanes (*).

Au Palais des Tuileries, le 2 juin 1834.

Louis Philippe, roi des Français, à tous présents et à venir, salut :

(*) Voyez ci-dessus page 83.

Vu l'article 34 de la loi du 17 décembre 1814;

Vu nos ordonnances des 13 mai 1831, 16 juin 1832, 29 juin et 15 octobre 1833;

Vu l'article 24 de la loi du budget des recettes du 24 mai 1834;

Voulant faire jouir le commerce et l'industrie du royaume du bénéfice de diverses dispositions qui n'ont pu être discutées pendant les dernières sessions législatives, mais dont l'urgence a été reconnue;

Sur le rapport de nos Ministres, Secrétaires d'état aux départements du commerce et des finances;

Le Conseil supérieur du commerce entendu;

Nous avons ordonné et ordonnons ce qui suit:

Art. 1er. Prohibitions levées à l'importation. Les objets ci-après seront admis à l'entrée du royaume sous les conditions et moyennant les droits déterminés pour chacun d'eux.

Cotons filés écrus du n° 143 (système métrique) et au-dessus; importés par les seuls bureaux du Hâvre, de Calais et de Dunkerque.

Un paquet de dix, cinq ou deux livres et demie anglaises au moins } simples 7^f / retors 8_f } le kilo

Au moment de l'acquittement en douane, les cotons filés recevront une marque dont nous nous réservons de déterminer ultérieurement la forme et les conditions.

A défaut de cette marque, les cotons filés, même du n° 143 et au-dessus, continueront à être saisissables dans l'intérieur, suivant la loi du 28 avril 1816.

Les dispositions ci-dessus recevront leur exécution à partir du 1er septembre 1834.

Dentelles de coton fabriquées à la main et aux fuseaux (même droit que la Dentelle de fil) cinq pour cent de la valeur.

EXTRAIT DE L'ARRÊTÉ GÉNÉRAL

De police de la ville de Calais, en date du 5 juillet 1832 (*).

Art. 14. Tout bruit nocturne troublant le repos public est défendu.

Les ouvriers des professions bruyantes telles que les métiers à marteaux et les mécaniques au Tulle ne peuvent commencer leurs travaux qu'à cinq heures du matin, et ils sont tenus de cesser à dix heures du soir.

(*) Voyez ci-dessus, page 82.

EXTRAIT DE L'ARRÊTÉ MUNICIPAL

Sur le repos et la tranquillité publics, du 11 du mois d'avril 1843(*).

Art. 2. Les serruriers, forgerons, charrons, ferblantiers, chaudronniers, maréchaux-ferrants, tullistes et généralement tous entrepreneurs, ouvriers et autres exerçant des professions qui exigent l'emploi de marteaux, machines et appareils susceptibles d'occasionner des percussions et un bruit assez fort pour retentir hors les ateliers et de troubler ainsi la tranquillité des habitants, ne pourront commencer leurs travaux, savoir: Du 1er avril au 30 septembre avant quatre

(*) Voyez ci-dessus, page 82.

heures du matin, et du 1ᵉʳ octobre au 31 mars avant cinq heures.

Ces mêmes travaux devront cesser pour la première période à huit heures du soir, et pour la seconde à sept heures.

Il n'y aura d'exception à la disposition ci-dessus que dans les cas d'urgence motivée et avec une permission spéciale du Maire.

EXPÉDITION DE L'ARRÊTÉ

Du 18 février 1852, approuvé par M. le Préfet le 31 mars 1852, modifiant celui pris le 11 avril 1843 (*).

Vu les lois des 16-24 août 1790, 19-22 juillet 1791 ;

Vu l'art. 11 de la loi du 18 juillet 1837;

(*) Voyez ci-dessus, page 82.

Vu l'arrêté municipal de notre prédécesseur, en date du 11 avril 1843, concernant la tranquillité et le repos publics ;

Nous, Maire de la ville de Calais,

Considérant que s'il convient de prendre les mesures qui peuvent assurer la tranquillité et le repos publics, il importe de les coordonner de façon qu'elles ne deviennent pas une entrave à l'exercice de certaines industries ;

Considérant que les dispositions de l'article 2 de l'arrêté municipal ci-dessus visé, à l'égard des heures d'ouverture et de cessation des travaux, a eu pour conséquence fâcheuse d'éloigner de la ville de Calais un nombre considérable de fabriques de Tulles, et sont un empêchement à l'établissement de nouvelles fabriques ;

Considérant que pour remédier à un tel état de choses, portant un préjudice notable aux intérêts de la ville de Calais, puisque non seulement il arrête l'accroissement d'une industrie qui est une source de prospérité pour la localité, mais contribue aussi à l'émigration successive des fabriques de Tulles existantes, il y a lieu de modifier l'arrêté dont il s'agit et de donner à l'industrie des Tulles les facilités qu'elle réclame et dont elle jouit dans les villes voisines ;

Considérant enfin que si le bruit occasionné par la fabrication du Tulle cause un dommage réel aux habitants, ceux-ci, en recourant aux tribunaux, obtiendront, conformément à la loi, les réparations auxquelles ils ont droit ; qu'ils se trouvent donc ainsi suffisamment protégés ;

Arrêtons :

Art. 1er. L'article 2 de l'arrêté municipal du 11 avril 1843, relatif à la tranquillité et au repos publics, est abrogé en ce qui concerne la fabrication du Tulle.

Art. 2. Sont maintenues les autres dispositions du susdit arrêté.

TABLE

TABLE

A

Abbeville, 96.
Adélaïde (Reine), 112.
Alcan M., 41.
Alais, 68.
Alençon, 129.
Allemagne, 7 — 10.
Amiens, 94 — 95 — 144.
Angoulême (Duchesse d'), 73.
Anvers, 69 — 93.
Armitage G., 69 — 70.
Atkin, 96.
Aubry F., 86 — 87 — 88 — 123 — 158.
Aurillac, 7.
Austin, 78.
Autriche, 29.

B

Bagally, 18 — 147.
Bailey J. père, 90 — 91.
Bailey W., 91.
Bailleul, 129.
Ball, 152.
Barber, 24.
Barcelone, 99 — 100.
Barres de guides, 24.
Bayeux, 130.
Berlines, 97.
Berteville, 96.
Berthaud, 34.
Biddle, 147.
Bilborough, 24.
Birch, 110 — 111.
Birkin père, 137 — 145 — 147 — 170.
Black fils, 74 — 114.
Black H., 89 — 135 — 138 — 148 — 151.
Black père, 72 — 73 — 74.
Blackner, 22.
Blondes, 103 — 150.
Blondes unies, 26.
Bobbin net fever, 167.
Bobine (Description), 39.

Boden, 118.
Bolts (Description), 40.
Bonington Parks fils, 77.
Bonington père, 76 — 77 — 78.
Bonnard père et fils, 67 — 103.
Bonsor J. fils, 80.
Bonsor Morris, 80 — 155.
Boot, 136.
Borlave, 126.
Boswell, 42.
Bouthors, 95.
Braley, 54 — 66.
Britton, 41.
Brodeur Isaac, 148.
Brown, 25 — 109.
Brown J., 54.
Brown père, 93.
Brown R, 42 — 43 — 44 — 45.
Bruxelles, 70 — 126.
Buckingham, 126 — 127.
Bussell, 90.
Butty, 79.

C

Caen, 96 — 97 — 98 — 100 — 103 — 120 — 130.
Caillon, 26.

Calais, 76—78—79—81—82—83—85 86—88—89—94—95—97—104—137—138—142—148.
Calverton, 11.
Cam, 61 — 62.
Cambrai, 41 — 73 — 114 — 120 — 143
Cantelo, 91
Carpriau, 93.
Caudry, 93.
Cent-Jours, 72.
Champailler, 138 — 142 — 151.
Chantilly, 130.
Chariot (Description), 39.
Choël (veuve), 68.
Clare, 22.
Clark J., 76 — 77 — 78
Clark S., 58 — 150.
Cliff père, 78 — 90 — 120.
Cobb, 41.
Colas, 140.
Colbert, 129.
Comité de Salut public, 28.
Condrieu, 104.
Cope, 154.
Copestake, 25 — 136.
Corbie, 95.
Corbit, 73 — 90.

Coton (Droits sur le), 85.
Courtray, 129.
Coutan, 68.
Crane, 22.
Crofts W., 66 — 137 — 146.
Cross, 90.
Crowder J., 109.
Cutts, 72 — 73 — 74.

D

Dalton, 77.
Daubenton, 126.
Dawson W., 24 — 90.
Dawton T., 78.
Daycock, 26.
Delompré, 140.
Denman, 110.
Dentelle article de Lyon, 140.
    d°   applications d'Angleterre, 127—128—147.
    d°   applications de Bruxelles, 71—127—128.
    d°   aux fuseaux (Origine), 123.
    d°   d'Allemagne, 142
    d°   d'Arras, 129.
    d°   d'Aurillac, 131.

Dentelle d'Espagne, 148.
 d° de Cambrai, 140 — 141 — 143 — 144 — 146 — 148.
 d° de Chantilly, 129 — 130 — 140 — 144 — 148 — 150 — 152 — 157.
 d° de Creteil, 151.
 d° de Flandre, 129.
 d° de fond de glace, 34.
 d° de France, 148 — 151.
 d° de Gênes, 129.
 d° de Grammont, 131.
 d° de laine du Puy, 149.
 d° de Lama, 143 — 144 — 149.
 d° de Lille, 129.
 d° de Limerick, 131.
 d° de Moresse, 131.
 d° de Paris, 151.
 d° de Raguse, 131.
 d° de Simla, 152.
 d° de Valenciennes, 23 — 45 — 129 — 147 — 148 — 150 — 157.
 d° de Venise, 129 — 131.
 d° du Hâvre, 131.
 d° Guipure, 150.
 d° Honiton, 127.
 d° Mechlin, 140.
 d° Point d'Alençon, 129 — 130.

Dentelle Point de France, 129.
    do   Point de Neige, 131.
    do   Point de Paris, 131.
    do   Pusher, 149 — 150.
    do   Torchon, 6.
    do   Victoria Point, 149
Derby rib, 16.
Dervieu, 33 — 67 — 68.
Desussy, 67.
Devonshire, 127.
Dexter, 152.
Dobbs fils, 77.
Dobbs père, 77.
Dognin C. fils, 107 — 148 — 151.
Dognin J.-C. père, 104 — 105.
Douai, 72 — 73 — 90 — 91 — 93 — 120.
Double Press, 18.
Draper S., 141 — 142.
Dubout aîné, 78 — 79.
Dunnicliff, 109 — 152 — 153.
Dupré, 94.

E

Elsay, 154.
Else, 28.

Espagne, 9.
Eyelet hole (œillet), 16.

F

Felkin, 168 — 169 — 172.
Ferguson Ch., 41.
Ferguson R.-C., (M-P), 111.
Ferguson S. ainé, 81 — 139 — 142 — 143 — 144
　— 145 — 146 — 149 — 157 — 174.
Fisher, 53 — 137 — 147.
Flandre Espagnole, 9.
Fontaine-Beauvois, 93.
Frame-Work-Knitters, 14.
Francisque Michel, 8.
Freeman G., 54 — 138
Frost Robert, 17 — 135 — 141.

G

Galino, 68.
Galoppe, 151.
Gand, 70 — 129.

Général Ludd, 117.
Gilbert (Mme), 129.
Gillet et Jourdant, 67.
Grand-Couronne, 92.
Gravenor Henson, 14 — 111.
Greasley, 41.
Great-Marlow, 127.
Greenwood, 66.
Grégoire, 140.
Guilmin, 96 — 98.

H

Haines, 152.
Hallam père, 90 — 119.
Hammond, 16.
Hancock, 152.
Harcourt (comte d'), 126.
Harvey, 18 — 29 — 66.
Hathern, 116.
Hayne, 18 — 32 — 69.
Heath, 95.
Heathcoat J., 41 — 43 — 44 — 45 — 46 — 53 — 54 — 59 — 65 — 72 — 89 — 91 — 115 — 116 — 118 — 119 — 157.

Henri IV, 12.
Heram Flint, 18
Herbert, 136.
Herries, 111.
Hind J., 142.
Hindley J., 62.
Hindres (Jean), 13.
Holmes, 17.
Hombard, 140.
Honfleur, 96.
Hood C., 43.
Hooton Deverill, 146.
Howie Wylie, 13.
Hudson (Lord), 13.
Huskisson, 110.
Hyson-Green, 137.

I

Ile-de-Wight, 163.
Introduction du métier à Tulle sur le Continent, 65
Isaac A., 148 — 149.
Italie, 9.

J

Jacquard (carton), 95 — 99 — 139 — 142 — 144 — 154 — 155.
James, 150
Jannin, 67.
Jenny, 81.
Jolivet, Cochet et Perrony, 67 — 103.
Jourdan et Cie, 114 — 143 — 144 — 146 — 149.
Jourdan père et fils, 67 — 103.
Juliart, 94.

K

Kay (John), 15.
Keenan J. père, 96 — 97 — 99 — 150 — 155.
Kendal J., 56.
Kirk D., 97 — 98 — 99.
Kirk J.-R. fils, 99.
Kirkland, 26.
Knotting machine, 16.

L

Lace, 3.
Lacey Ch, 43 — 44 — 52 — 53 — 59 — 60 — 65 — 91 — 116.

Lacinia, 3.
Laclotte, 108.
Lark Whistle, 39.
Laserve, 157.
Leaver fils, 59 — 92.
Leaver neveu, 59 — 92.
Leaver père, 59 — 92.
Lee William, 11 — 27 — 35.
Lefebure A., 130.
Lefort (veuve), 92.
Legh Keck, 111.
Legrand, Bernard et C$_{ie}$, 67.
Legros-Devot, 82.
Leguiller L., 92.
Leicester, 80 — 110 — 116 — 117 — 163.
Lenton, 153.
Leveux, 82.
Liancourt (Duc de), 27.
Libre-Echange, 87 — 112.
Lichfield, 137.
Liévin-Delhaye, 79.
Lille, 41—78—80—88—89—93—135—138—154.
Lindley J. fils, 43 — 60.
Little David, 117.
Livesay W., 153 — 154 — 155.
Longwhatton, 116.
Louard, 99.

(205)

Loughborough, 72 — 89 — 116.
Louis XIII, 126.
Louis XVI, 28.
Louvres, 130.
Luddites, 117 — 118.
Ludlam, 117.
Lyon, 26—29—30—34—41—83—88—103—104 — 114 — 115 — 120 — 140 — 149.

M

Macarther C., 80.
Mac-Cluloch, 26.
Machu, 78.
Maillot, 155.
Malaper, 150.
Malines, 25.
Mansfield, 18.
Marsan (comte de), 126.
Marsh-Moorfields, 22.
Mart J., 58 — 150.
Mayer, 82.
Maynard, 68.
Meats, 96 — 98.
Méhaut, 79.
Metier à bas, 10 — 69.

Métier Circular bolt, 46—62—63—83—91—92—
    96-98—99—104—114—115—136—137
    139—141—144—145—146—148.
  do Leaver, 59—62—80—81—83—96—
    98—99—115—136—137—144—
    146—148—150—155.
  do Méchlin, 34—78—104—115—116—140.
  do Point Net. 34—69—109.
  do Pusher, 58—59—62—76—135—136
    —145—148—149—150.
  do Rolling Locker, 62—63
  do Rotary Leaver Traverse Warp, 60—62.
  do Straight bolt, 56—61—104—148.
  do Traverse Warp, 54—76—91—137—154.
  do Upright Warp, 25.
  do Upside down circular bolt, 55.
  do Warp, 23—24—25—34—45—78—
    80—90—96—99—138—142—152.
Mew, 90.
Mingot, 96—98.
Mirecourt, 127.
Mohair, 144.
Monard, 152
Moore J., 43—56.
Morley W., 56—58—61.
Morris, 16—22.
Mouvement rotatif, 53—136.

N

Napoléon Ier, 30 — 32.
Navette antique, 15.
Navette volante, 15.
Ned Ludd, 117.
Nimes, 30 — 140.
Northamptonshire, 127.
Nottingham, 18 — 22 — 28 — 29 — 31 — 44 — 65
 — 81 — 86 — 87 — 92 — 96 — 110 — 115 —
 116 — 117 — 127 — 135 — 137 — 142 — 150
 — 155 — 163 — 167 — 169.

O

Old Loughborough, 43 — 45 — 51 — 54 — 60 — 72.
Oldknow, 155.
Oxford, 127.

P

Pagny Ad., 130.
Page, 31.
Pain E., 78.
Pain T., 78.
Palmerston, 119.
Paris, 88 — 89 — 97 — 126 — 130

Parrot, 95.
Passemen, 125.
Pearson, 138.
Penet, 67.
Piaud, 33.
Pièces justificatives, 177.
Pindar, 25 — 109.
Pin machine, 28.
Poidebard, 105.
Point Bullot hole, 138 — 139.
   d° de Tulle, 9.
   d° Grecian, 89 — 135.
   d° Honey Comb, 147.
   d° Wireground, 139.
Polhill, R., 78.
Poole, 97.
Prusse, 69.
Puteaux, 150 — 155.
Puy-en-Velay, 126 — 130.

R

Rack, 31.
Rackeur, 79.
Radford, 149.
Rapport (Exposition Universelle), 157.
Reckless, 150.

République (1792), 28 — 30.
Rhumbolt, 28 — 66.
Rideaux, 95 — 154.
Roberts, 136.
Robinson et Mosley, 68.
Rogers, 18.
Roland, 24.
Rolland de la Platière, 26.
Rouen, 92 — 120.

S

Sailly, 81
Saint-Albano, 105.
  d° Etienne, 33.
  d° Fosse-Ten-Voode, 70.
  d° François-Regis, 126.
  d° Pierre-lès-Calais, 41 — 79 — 81 — 82 — 88 — 101 — 115 — 120 — 149 — 150 — 160.
  d° Quentin, 78 — 89 — 90 — 119 — 120.
Saxe, 124.
Séclin, 92.
Sewell, 63.
Simon T., 133.
Single-press, 29.
Sisling, 154.
Sneath W., 137.
Spise, 125.

Strutt Jedediah, 16 – 35.
Syner, 135 – 137.

T

Tableau des métiers à Tulle en Europe, 159.
Tableau du prix du Tulle, 102.
Tarratt, 22.
Tattings, 91 – 97 – 137 – 138.
Taylor Herbert, 112.
Termonde, 70.
Tewkesbury, 137.
The Ten, 155.
Thomassin, 73 – 90.
Tickler, 22 – 135.
Tiverton, 115 – 118 – 119 – 163.
Toul, 9.
Toulouse, 8.
Traité d'Amiens, 30.
Triboulet, 155.
Tricot dentelle, 26.
Tule, 8.
Tüll, 10.
Tulle (Corrèze), 6.
   d° Barley corn, 18 – 29.
   d° Bobin, 33 – 34 – 35. fig. 37 – 47 – 48 – 128.
   d° Bobin grenadine, 105.
   d° Bruxelles, 107.
   d° de coton, 31.

Tulle de fil de lin, 31.
   d° de soie, 25 — 83 — 103.
   d° Hank net, 108.
   d° Illusion, 1 — 106
   d° Méchlin, 25 — 26 — 83.
   d° Mock twist, 138
   d° Point net, 17 — 18 — 19 — 20 — 29 — 104.
   d° Simple, 29.
   d° Spider, 19 — 24.
   d° Spot, 137.
   d° Square, 19 — 139.
   d° Straight-down-loop, 153.
   d° Tricot, 21.
   d° Two Course net, 26.
   d° Warp, 21 — 29.
   d° Zéphyr, 1.
Tulles fantaisie, 83 — 86 — 93 — 95 — 99 — 119 — 133 — 136 — 144 — 145 — 160 — 164.
Tullo — Tullonis — Tullum, 10.
Tuly, 8.

U

Ullmann Barbara, 124.

V

Valenciennes, 72.

Vandyke, 21 — 22.
Verberkmœse, 70.
Vickers, 150.
Victoria (Reine), 112.
Vienne, 29.

W

Walker, 41.
Ward (Mme), 73.
Washer, 70.
Wasse, 94.
Webster, 76 — 77 — 78 — 79.
West, 41.
West R., 77.
Whitmore G., 42.
Whittaker E., 42.
Widdowson, 90 — 91.
Wootton, 91.
Wright, 149.

Y

Young, 72.

www.ingramcontent.com/pod-product-compliance
Lightning Source LLC
Chambersburg PA
CBHW071945160426
43198CB00011B/1546